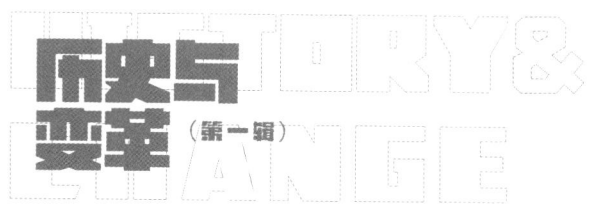
(第一辑)

什么是历史社会学

主编———赵鼎新　　执行主编———郦菁

中信出版集团 | 北京

图书在版编目（CIP）数据

什么是历史社会学 / 赵鼎新主编；郦菁执行主编
. -- 北京：中信出版社, 2023.2
（历史与变革 / 赵鼎新主编. 第一辑）
ISBN 978-7-5217-4951-9

Ⅰ.①什… Ⅱ.①赵… ②郦… Ⅲ.①历史社会学－文集 Ⅳ.① K03-53

中国版本图书馆 CIP 数据核字（2022）第 248623 号

什么是历史社会学
编者： 赵鼎新 郦菁
出版发行：中信出版集团股份有限公司
（北京市朝阳区东三环北路 27 号嘉铭中心 邮编 100020）
承印者： 北京盛通印刷股份有限公司

开本：710mm×1000mm 1/16 印张：14 字数：179 千字
版次：2023 年 2 月第 1 版 印次：2023 年 2 月第 1 次印刷
书号：ISBN 978-7-5217-4951-9
定价：58.00 元

版权所有·侵权必究
如有印刷、装订问题，本公司负责调换。
服务热线：400-600-8099
投稿邮箱：author@citicpub.com

学术委员会
（以姓氏拼音为序）

国内学者

成伯清（南京大学）　　邓小南（北京大学）　　定宜庄（中国社会科学院）
冯仕政（中国人民大学）　侯旭东（清华大学）　　李伯重（北京大学）
鲁西奇（武汉大学）　　　缪　哲（浙江大学）　　渠敬东（北京大学）
沈卫荣（清华大学）　　　沈　原（清华大学）　　汪　晖（清华大学）
王汎森（台湾"中央研究院"）应　星（清华大学）　　张　静（北京大学）
赵世瑜（北京大学）　　　周飞舟（北京大学）　　朱天飚（浙江大学）

国外学者

Abbott, Andrew（芝加哥大学）　　　　　　Bang, Peter（哥本哈根大学）
Bryant, Joseph（多伦多大学）　　　　　　Clemens, Elisabeth（芝加哥大学）
Gorski, Philip（耶鲁大学）　　　　　　　Hall, John（麦基尔大学）
Kumar, Krishan（弗吉尼亚大学）
Lachmann, Richard（纽约州立大学奥尔巴尼分校）
Mann, Michael（加州大学洛杉矶分校）　　Riga, Liliana（爱丁堡大学）
Steinmetz, George（密歇根大学）　　　　Sewell, William（芝加哥大学）
Wong, Bin（王国斌，加州大学洛杉矶分校）

凯风基金会为本刊提供资助 特此鸣谢

刊 物 简 介

在某种意义上,现代性的本质是一种独特的历史意识,也是一种抽象的时间结构。对此的阐发、运用和反思,是现代社会科学的思想起点之一。自 19 世纪在西方世界发展以来的现代社会科学的一个重要基础就是对社会时间和"时间性"的新的理解,而这种理解通过现代性秩序的扩展和主宰而获得普遍的"时间特权",也许至今仍未得到充分的反思。同样在最近的百年之中,中国在世界体系中的地位几经起伏,并经由 20 世纪 80 年代的改革逐渐实现了经济的快速发展和随之而来的社会结构的急遽转型。如果说中国的现代化仍是一个未竟的过程,这一过程本身也是现代性多元展开的重要一页,和西方近代发展总是隐约相似,但又永远相异。一方面,民族、现代国家、民主、政党等观念与相应的社会构造的确动员了极大的政治能量,很大程度上改变了社会的主导组织方式;另一方面,本土性的明流与潜流与之碰撞,又使这一过程愈益多歧,时而晦暗丰富,时而甚或创造出仍未被恰当命名的新景观。所谓的"中国道路",并非仅限于本土的资源,而在于如何深刻地挖掘、理解和表达这些惊心动魄的碰撞与交融,及其在更长时段不断展开的历史后果,又如何生发出别开生面的社会实践。所谓的"中国经验",亦必须建筑于一种不同的历史体验和言说方式之上,以另一种具有一定普遍意义的时间性和大量的经验研究作为稳固的基石,并且和一种新的政治主体与话语主体相关,才能在日益多元的现代性中占有自己的一席之地。

《历史与变革》杂志正是基于这种宗旨的探索之一。我们的目标是尝试建立一个开放的学术平台，更准确地说是一座临时的桥梁，来实验如何重新建立过去、当下和未来之间的联系。在这个意义上，历史是一种方法，亦是一场没有终结的对话。我们期待经由历史来认识当下，并窥探通往未来的道路。我们期待真正富有创见、具有当代意识的研究，议题包括但不限于：

中国当代社会变革的历史过程和机制考察；

长时段的结构变迁、制度遗产与历史动态；

带有历史维度的跨国/地区比较研究；

有关历史性、时间性的理论探索。

目 录

IX / 主编的话

001 / 研究论文

03/ 赵鼎新：权力、结构和时间性——历史社会学和宏观历史发展规律

35/ 约翰·霍尔：比较历史社会学：一种个人的观点

61/ 应星：从"过程-事件分析"到"追根溯源的事件社会学"

89/ 郦菁：时间危机与社会科学的实验

121/ 张晓鸣：在数字中发现历史：历史社会学与定量方法

155 / 书评

157/ 周雪光：王朝基层控制、乡村社会秩序与帝国逻辑
　　　——评鲁西奇《中国古代乡里制度研究》

179/ 鲁西奇：乡村社会的权力构造与非正式制度
　　　——由周雪光教授的评论引发的思考

187 / 公共论坛

189/ 精英、霸权与我们世界的未来：围绕《沉船贵客：精英政治与大国的衰落》的讨论并纪念理查德·拉克曼

CONTENTS

0 0 1 / **Research Papers**

03/ **Zhao, Dingxin**   Power, Structure and Temporality: Historical Sociology and Rules of Macro-historical Development

35/ **Hall, John**   Comparative Historical Sociology: A Personal View

61/ **Ying, Xing**   From "Process-Event Analysis" to "Origin-Searching Sociology of Events"

89/ **Li, Jing**   Crisis of Times and the Experiments of Social Sciences

121/ **Zhang, Xiaoming**   Discover History in Numbers: Historical Sociology and Quantitative Methods

1 5 5 / **Book Reviews**

157/ **Zhou, Xueguang**   Grassroots Control, Rural Social Order and the Logics of Empire: a Review of "Study on Rural Institutions in Ancient China", by Lu, Xiqi

179/ **Lu, Xiqi**   The Constitution of Power in Rural Society and Informal Institutions: a Reply to Zhou, Xueguang

1 8 7 / **Public Forum**

189/ **Various Authors**   Elites, Hegemony and the Future of Our World: In Memory of Richard Lachmann and His "First Class Passengers on a Sinking Ship"

主编的话

　　历史社会学所关心的是诸如国家的形成和发展，轴心时代宗教与政治势力的关系和欧亚大陆不同文明的形成，农耕和游牧群体之间的互动和冲突以及它对欧亚大陆历史发展的影响，"科学"作为一种思维方式和社会实践的产生和发展，知识、技术和人文艺术发展的宏观结构基础及其规律，工业资本主义和民族国家的形成和后果，非西方世界在"西方崛起"这一"千年未有之巨变"压力下的被动现代化的不同路径，社会运动和革命作为一种新的社会变迁动力的诞生及其意义，发展型国家和福利国家的兴起和路径，女性地位的提高，民主化和全球化，环境、技术、人口、战争和流行病等因素对长时距历史发展形态的影响等一系列对理解和改善人类的生存条件具有重大意义的议题。历史社会学同时也试图结合历史学擅长的事件／时间序列分析和社会学擅长的事件／结构分析，为理解人类历史的长时段发展规律提供更可靠的启示。

　　因为历史社会学关心的都是大问题，它始终在社会学中占据着重要地位。社会学的主要奠基者，比如马克思、托克维尔和韦伯，所关心的问题以及所采用的分析手法与今天的历史社会学家也比较相近。他们都可以说是历史社会学的先驱。笔者一直从事着历史社会学研究，近十几年来也在国内推广历史社会学研究。近年，历史社会学在国内发展成了一个显学。借此东风，浙大社会学系同人决定办一本《历史与变革》杂志。我们的目标不是把《历史与变革》办成一个高度专业化的社会学杂志，而是想把它培育成为一个能探讨各种历史和现实大议题和重大方法论问题的，具有较高专业水准的平台。在方法论上，《历史与变革》杂志采取开放态度。我们既接受基于多个案例的平衡比较研究、基于单一案例的研究和基于历史数据和大数据的定量研究，也接受带有社会学视角的历史学研究。在理论上，《历史与变革》倡导通过广泛和开放性的交流和讨论，确立具有中国特色，同时也在海外有较高认可度的历史社会学方法论和对于历史和历史规律的理解。

浙大社会学系感谢国内外同人对我们的大力支持，感谢凯风基金会资助与中信出版社提供出版机会。

研究论文

权力、结构和时间性
历史社会学和宏观历史发展规律

赵鼎新[①]

【摘要】 本文提出以下论点:(1)历史社会学的核心就是工业资本主义和民族国家的产生、发展及其后果。它的关怀在当代,不在过去。(2)历史的时间性是历史社会学的关键理论议题;权力就是结构,结构就是时间。(3)宏观历史发展规律主要由经济、军事/地域、政治和意识形态这四个从人类本性发展起来的社会力量形塑;这四个源泉性力量都带有相应的对历史时间具有结构化作用的机制性性质。(4)这四种力量所产生的各种因果关系在发展到一定程度后都会促发反向力量的成长,这导致了历史的循环性。(5)因为这四种力量能形成无穷的组合方式,造成历史循环的力量每次都可能会不同,这就是所谓的"道家时间"。(6)只有从社会力量的性质以及它们与"道家时间"的交互方式为主轴来理解历史,我们才能在结构/机制叙事和事件/时间叙事之间建立更好的结合,从而发展出带有中国智慧的历史社会学。

[①] 赵鼎新,浙江大学社会学系教授、芝加哥大学 Max Palevsky 荣休讲席教授,研究领域包括历史社会学、政治社会学、社会运动和社会科学方法论。

近年来，中国社会学有一个历史社会学转向。背后有若干原因，其中包括中国学者有了明显的理论自觉，但总之这是可喜的发展。笔者从事历史社会学研究三十余年，获得一些心得。鉴于历史社会学在国内尚是一门崭新的学科，不少读者可能对其缺乏了解，笔者想借《历史与变革》的创刊号对历史社会学的性质、研究对象，以及它的核心理论问题（即人类历史的变迁规律），提出一些长期沉淀下来的观点，希望能起到抛砖引玉的功效。本文中不少观点作者在其他场合也有讨论，只是本书作为国内第一本历史社会学杂志的创刊号，似乎有必要以新的方式做进一步阐述。

什么是历史社会学

许多学者，包括不少历史社会学家，对历史社会学的性质往往会产生两个方面的误解。第一，有人会认为历史社会学和历史学一样，都必须把研究建立在第一手材料或原始文本的基础之上。这一观点存在两个误区。首先，第一手材料并不见得就更真实。传世史料都是被高度污染过的材料；哪些材料被留下了，留下的材料以什么方式呈现，无不深深地打着其材料产生时代的统治者、学者以及其他材料生产者的印记。更重要的是，历史社会学的关键在于寻找历史背后的一些具有一定普遍性的规律，其经验层面的论点都是通过对不同案例或者同一案例内部的各种差异性现象的比较而获得的（赵鼎新 2021）。如果一位学者具有很好的问题意识和比较角度，即使该学者不懂所研究国家的语言，没有看过任何第一手材料，也照样能提出具有远见的观点。关于这一点，笔者在《为韦伯辩护》一文中有专门论述（赵鼎新 2015a）。近几十年，包括笔者在内的历史社会学家都开始使用第一手材料，但这是专业化过程的表现，不是学科的必需。笔者甚至认为，过度强调第一手材料对于历史社会学发展是有害的，因为这会迫使我们缩小自己的视野，导致我们只见树木、不见森林。

第二，社会学有按照研究对象设立子学科的习惯，因此有组织社会学、经济社会学、宗教社会学、政治社会学、知识社会学、教育社会学、法律社会学、体育社会学、军事社会学、家庭社会学、社会人口学、性别社会学等等。这就带来了另一个误解，即认为历史社会学研究的也是社会的某一特殊面向，即发生在久远过去的事情。换言之，这类误解认为，只要可以通过采访、观察或者抽样调查等方法来获取材料，此类研究就不是历史社会学。为了说清楚这个问题，这里需要讨论一下社会学和历史学的关系。

笔者认为（赵鼎新 2021），在面对以下类型的问题——为什么某个人能上好大学？为什么中国共产党能取得革命胜利？为什么某个地区民众的思维和生活方式要比其他地区更为传统？为什么某个国家要比另外一个国家缺乏原创力？为什么某个宗教要比另一个宗教发展得快？——人类的回答就其叙事形式的逻辑结构而言只有两类。第一类是结构/机制叙事，即不同社会结构/机制导致了不同的社会后果；[②] 第二类是事件/时间序列叙事，即通过寻求某个事物发展过程中的关键转折点事件的发生及背后原因来获得答案。如果说结构/机制叙事是社会学的逻辑基础，事件/时间序列叙事就是历史学的逻辑基础。

其实，就任何特定案例而言，结构/机制叙事和事件/时间序列叙事所描述的往往只是同一事物的两个侧面。比如对于大多数学生来说，能上好大学的背后既有家庭、学区等结构/机制性的原因，同时也是个人在某个

---

② 本文对社会结构和机制的理解基于笔者的新著《什么是社会学》（赵鼎新 2021）。

什么是社会学
赵鼎新 著
生活·读书·新知三联书店（2021）

时间节点后努力学习的结果。所以具有转折点意义的历史事件也非常重要。在常人逻辑下，这两类叙事方式并不一定冲突。但是在学科高度专业化的今天，它们就分家了，形成了交往很少的社会学和历史学。因此，历史社会学就其本质来说，关键并不在于研究许久前所发生的事情，而在于在方法和经验层面探讨结构/机制叙事和事件/时间序列叙事之间的关系，并且寻求这两个叙事在一定程度上的整合。这也就是说，即使研究对象是当代的事情，如果一个研究在照顾了其发展背后的结构/机制性原因的同时，又兼顾了其发展的事件/时间过程逻辑，那么它就是历史社会学研究。

简言之，在方法层面，历史社会学是一门结合结构/机制叙事和事件/时间序列叙事，并且在经验和理论层面上探索这两种叙事之间关系的学问。它不是由研究对象定义的社会学子学科，诸如家庭社会学、体育社会学、法律社会学、经济社会学等等，而是一门历史学和社会学的交叉学科。

历史社会学的研究对象

虽然历史社会学是基于特殊视角和方法而形成的交叉学科，但它的核心议题却很清晰，甚至可以说只有一个，那就是工业资本主义和民族国家产生的原因及其后果。斯宾塞、马克思、托克维尔和韦伯可以说是历史社会学的四个最主要的奠基者。他们的主要思想和著作，即斯宾塞的社会达尔文主义、马克思的历史唯物主义、托克维尔对法国革命和美国民主的分析，以及韦伯对基督新教和其他主要世界宗教的研究，其实都是在对工业资本主义和民族国家产生的原因和后果做出不同的理解和分析。当代的历史社会学名著，比如沃勒斯坦的四卷本巨著（Wallerstein 2011a；2011b；2011c；2011d），布罗代尔的三卷本巨著（Braudel 1992a；1992b；1992c），安德森的《从古典到封建》和《绝对国家的起源》（Anderson 1996；2003），芬纳三卷本巨著《统治史》（Finer 1997），摩尔的《专制与民主的社会起源》（Moore 1966），蒂利的《强制、资本和欧洲国家，公元990—1990》（Tilly 1990），曼的多卷大作《社会权力的起源》（Mann 1986；1993；2011a；2011b），以及霍尔的《权力和自由》（Hall 1986），背后的核心问题意识其实也是工业资本主义和民族国家的产生原因及后果。

笔者的近著《儒法国家：中国历史新论》虽然在西周和春秋战国历史上花了很大笔墨（Zhao 2015），但其核心问题意识却是工业资本主义和民族国家产生的原因和后果。这本书主要是为了阐明一些具有中国特色的体制和制度在西周已有雏形，到战国已有很大发展，而在汉武帝时代就初步定型成了一个笔者称之为"儒法国家"的政体形式。之后中国虽然有很大的变化，但最终都没有能从根本上改变"儒法国家"体制的一些最重要的特征：即一个发达的官僚体制、君主和儒学化了的文官之间紧密的联盟、高度的精英文化认同、对游牧人口巨大的辐射压力，以及在商人政治地位低下这一背景下产生的发达的商品化经济（非市场经济）。这些特征赋予了前现代的中国文化和政治体制很强的韧劲。但也正是由于这些特征的存在，宋以后的中国完全没有朝着工业资本主义和民族国家方向发展的可能。加州学派的一些主要观点因此难以成立（Blaut 1993；Frank 1998；Goldstone 2000；Pomeranz 2000）。

我再举几个例子来说明历史社会学研究与工业资本主义和民族国家的产生、发展这一核心问题意识之间的联系。摩尔的《专制与民主的社会起源》的问题意识最为明显，那就是想解释在工业资本主义和民族国家到来的冲击下，一些主要国家在政治现代化过程中为什么走了议会民主制、法西斯主义和共产主义革命这三条完全不同的道路（Moore 1966）。具有历史社会学视野的人类学家沃尔夫（Eric Wolf）研究的虽然是"二战"后的农民革命，但其核心却是要解释为什么"二战"后新独立的国家不但经济发展不起来，还陷入长期战乱，而他的回答就是：工业资本主义和民族国家在西方的率先兴起给后发展国家带来的三个方面的灾害性后果，即文化危机、人口危机和生态危机（Wolf 1969；2010）。在经济发展研究领域，学者们提出了强国家/弱国家、国家能力和国家自主性等概念，并在这些概念的指导下对南方国家的经济发展进行了分析（Amsden 1989；Evans 1995；Kohli 2004；Migdal 1988；Wade 1990）。他们之所以提出这些概念，背后一个很大的原因就是大量的非西方国家在民族认同建构和国家建构方面严重滞后，以至于国家不但力量微弱而且缺乏自主性，因此无法领导各自的国家朝着成功的市场经济道路发展。

为什么"工业资本主义和民族国家产生、发展和后果"会成为历史社会学唯一的实质性问题意识？个中原因其实很简单，那就是工业资本主义和民族国家几乎构成了现代社会的全部现实。当前我们需要面对的任何重大的社会现实，包括工业化、全球化、城市化、世俗化、科技的快速发展、信息化和智能化社会的来临、人均寿命的大规模提高、普通人的生存自由度和尊严在多个面向的提高、个人主义文化的发展和民主化、女性地位的上升等等，均可以说是工业资本主义和民族国家发展的直接或者间接后果。我们面临的所有对人类生存有严重挑战的现实，比如生态危机、能源危机、食品危机、人口爆炸和贫富差距加大、族群主义和族群清洗、世界大战、全能国家、毒品和大规模杀伤性武器的生产和扩散、恐怖主义等等，也都是伴随着工业资本主义和民族国家的发展而产生的现象。工业资本主义和民族国家的出现可以说是人类历史上最不可逆，或者说最具后果性的事件，它不仅仅是历史社会学的核心议题，甚至可以说是整个社会科学最为重要的经验和哲学议题。凡是试图对这两个相关历史事件的产生原因和后果做出分析的学者，他们所面临的其实并不是一般意义上的经验科学，而是历史哲学（philosophy of history）。正因为如此，历史社会学名家所提出的问题和给出的答案也往往带有很强的政治哲学意味和社会思想性，因此对社会学、历史学乃至社会科学的其他各个分支能形成强大的辐射。我甚至认为，历史社会学是社会科学领域的皇冠。

有读者可能会说，我研究的是一个古代寺庙内部的财务管理、中国妇女在明清时期佛教传播中的作用或者传统中国社会差序格局这样的议题（打个比方），完全可以脱离工业资本主义和民族国家的兴起这一核心议题而找到自己的意义。其实不然。因为一位学者之所以对这些议题感兴趣，之所以在研究中采取了某一特殊视角，都受制于其对由工业资本主义和民族国家的兴起而带来的人类新的存在条件的主动理解或被动感受。就好比在改革开放初期国人缺乏自信时，中国学者普遍把中国社会的"差序格局"看作一个比较负面的存在，但是随着中国国力的强盛以及西方社会主流价值的衰落，不少学者对"差序格局"开始有了完全不同的理解。这一改变势必会影响到其研究过程的方方面面，包括问题意识、材料取舍、文本解读、对历史情景的把握等等。可以这么说，工业资本主义和民族国家的产生和发展不但影响到当代社会的方方面面，其产生的各种正负面后果，以及带来的不断加速的社会变迁，还一次次地改变着我们对前现代和当代社会的理解，乃至于笔者很难想象任何一个有意义的历史社会学议题能脱离工业资本主义和民族国家的产生和发展带给我们的期望／欢快和不满／焦虑。总之，在"工业资本主义和民族国家产生、发展"这一核心问题意识下，历史社会学的研究议题可以非常之广。

读者可能还会问，既然今天对历史的考察很难脱离"工业资本主义和民族国家的产生、发展和后果"这一核心议题，我们是否还有必要专门强调这一事实？笔者认为，就像历史学需要对"任何历史都是当代史"这一观点做出反复强调，历史社会学也很有必要反复强调自己的核心问题意识，因为这会在经验层面上帮助我们明确研究目的，加强对各类现实问题的敏锐度和关怀，在理论上更清醒地认识到自己在研究时所采取的视角，以及所提出的概念和理论背后隐含的价值立场，同时反思这些视角、概念和理论又在多大程度上会给我们对历史场景和当代社会的理解带来双重偏差。

历史的时间性和时间的结构性

笔者在前文中强调历史社会学是一门结合结构／机制叙事和事件／时间序列叙事，并且在经验和方法层面上探索这两类叙事之间关系的学问。就其关系来说，这两者其实相生相随：当我们强调时间／历史的规律性的时候，我们其实也强调了某些社会结构和相应机制的重要性；如果我们完全坚信某种线性史观，我们其实也完全认可了某种社会结构决定论。反之，当我们越不相信时间／历史有规律，我们同时也轻视了社会结构／机制的重要性，强调了人类作为社会行动者能很好掌握和设计自己的未来；如果我们完全认可当今世界上一些盛行的观点，比如西方历史学家强调的"每个历史都是自己的历史"，或者一味强调"转折点"、"分水岭"和"关键事件"对于时间/历史发展重要性的话，那么不但结构/机制分析完全失去了意义，而且会使得以结构/机制分析见长的社会学和以事件/时间序列分析见长的历史学走向学术意义上的同归于尽。

笔者所坚持的是一个可被称为权力/时间性的视角。[③] 为了了解这一视角，我首先扼要介绍三类人类对历史规律的最为常见的理解及其得失。我把这三类理论分别称为进步史观、多元史观和循环史观。通过本文的讨论我想进一步确立以下几个观点：第一，对历史的时间性的讨论其实就是对历史与社会结构/机制之间关系的讨论。这一讨论的核心是在宏观层面针对结构/机制叙事和事件/时间序列叙事之间的紧张提出各种缓解方案。因此，历史的时间性问题对于历史社会学来说是一个根本性的问题。第二，对于时间性的讨论就其本质来说是对于社会结构/机制的性质的讨论，对时间性的理解其实就是对社会结构/机制的理解。第三，对社会结构/机制的讨论就其本质来说是对社会权力不均匀分布和时间性的结构性的讨论。从这个意义上来说，权力就是结构，结构就是时间。需要说明，以下对三类史观的扼要总结都属于理想型事实，许多学者的分析手法及其背后隐含的史观要驳杂得多。

（1）进步史观

进步史观又被称为线性史观。在这一类对时间性的理解下，人类社会不但会朝着更美好的方向发展，并且还能达到某个终极性的最佳状

[③] 本文所用的"权力"这一概念对应的英文是power。但是，power还有一层意思是"力量"，因此，读者如果把本文所讲的"权力"理解为"力量"也无不可。在本文的有些场合，笔者也会用"力量"来表达英文power的意思。

态。就其起源来说，这类对时间性的理解源于犹太-基督教传统（Melzer, Weinberger, and Zinman 1995）。比如，奥古斯丁在圣经史观的基础上提出了人类社会发展的阶段论，认为历史会经过相应于上帝创世的六个发展阶段，而后终结于被上帝救赎的第七阶段（Augustine 2003）。弗洛尔的约阿欣（Joachim of Fiore，1135—1202）把历史分为三个时代，每一时代会被三位一体的某一位格所支配。按照这一理论，历史在依次经历圣父的旧约时代和圣子的新约时代后，会进入圣灵时代。

启蒙运动中，欧洲的思想家越来越自信。他们不但认为人类能通过理性来了解过去和当下，而且能通过理性来获得更美好的未来。虽然宗教在启蒙时代常常会被等同于"落后"，但是圣经史观却在启蒙时代以世俗进步史观的形式发扬光大。在各种世俗进步史观中，比较著名的有科技主义进步史观、系统工程主义进步史观、自由主义进步史观、黑格尔主义进步史观、社会达尔文主义进步史观、马克思主义进步史观等等。进步史观同时还继承了圣经史观中的阶段论，比如维柯（Giambattista Vico，1668—1744）把历史分为神的时代、英雄时代和人的时代；康德把历史分为野蛮、迷信和理性时期；孔德把人类的理性发展分为神学、形而上学和实证三阶段；马克思则把人类历史分为五个历史阶段，从原始共产主义社会，历经奴隶社会、封建社会、资本主义社会，最后演进到共产主义社会。

进步史观给予其信仰者很大的信心，但是它所带来的危害也非常大，具体可归纳为四个方面：第一，它给了自以为自己处在历史时间前沿的强势群体一种道德优越感，使得他们在欺压甚至屠杀弱者时没有良心负担。例如，进步史观使得19世纪英国和法国的自由主义思想家在面对"落后民族"时都采取了帝国主义和殖民主义的立场（Pitts 2005）。第二，它是文化和种族歧视、偏见以及对其他群体不尊重行为的源头。西方人曾经带着进步史观来歧视中国人，而今天我国经济发达地区的某些人士同样也会带着从西方学来的各种进步史观来歧视经济不发达地区的人士。第三，持有进步史观的学者在做研究前往往都会对历史的时间性有一个明确或隐蔽的道德假设，即认为历史进程会把我们带入美好的未来。他们的研究目的则是要论证某一美好世界的理论在经验上的正确性。中国史学界就曾经带着进步史观就奴隶社会向封建社会转型问题做了大量研究。殊不知，虽然古代中国有各式各样的奴隶，但却从来就没有过像古罗马一样以奴隶劳动作为经济基础的奴隶社会（Zhao 2015）。"第三次民主浪潮"高潮时西方学者在自由主义进步史观的推动下也做了大量性质类似的研究。比较著名的有英格尔哈特（Inglehart 1997）关于从现代文化到后现代文化转型的研究，福山（Fukuyama 1992）的历史终结论，以及大量的以人均GDP和教育水平等指标为"自变量"来预测一个国家民主转型可能性的研究。然而，这类研究带来的往往只是对历史更深的误解。第四，进步史观指导下的政治具有很大危害性，因为它给了政治家和他们的追随者撞了南墙还不肯回头的精神。如果说"第三次民主浪潮"所引发的包括恐怖主义和难民潮在内的各种乱象是自由主义进步史观给人类带来的危害，那么，苏联肃反运动、柬埔寨红色高棉大屠杀等等，则是"左倾"进步史观带来的危害。

就历史和社会结构/机制的关系而言，时间在进步史观下失去了本体意义，因为它只是某种具有目的性力量（teleological power）的结构的承载体；反之，某种具有前定（predestined）目的的结构/机制性力量就获得了本体性。同样，社会行动者的行动、偶然性和转折点事件在进步史观下也都失去了本体意义上的重要性，因为他们都只能给前定的历史方向增添一些从长远来看如同噪声般的曲折。我并不认为信奉进步史观的学者会忽视社会行动者手中所掌握的权力。但从本体意义上来说，进步史观是一种忽视社会权力重要性的学问，因为在信奉进步史观的学者们看来，社会行动者手中掌握着的各种权力充其量也只能为前定的历史发展增加一点曲折。

进步史观虽然在近几十年的西方历史学界不再流行，但它长期以来占据着西方社会科学的主流，并在当今的社会学和政治学等领域仍有较大的影响。同样需要指出，进步史观在当前中国仍然非常盛行，以至不断有学者提出各种大而不当的、带有明显进步史观意义的"阶段论"。

（2）多元史观

在进步史观指导下书写的历史与事实出入巨大，在其指导下的政治也给人类带来巨大灾难，因此西方史学自20世纪六七十年代开始逐渐从对历史规律的寻求转向对历史意义的追求（Cannadine 2002；Stone 1979；Tosh 2006），从以政治史为核心的历史研究转向多元议题的研究（Burke 2004）。一类反进步史观而行之的多元史观逐渐在西方史学界成为主流，并且向历史社会学领域扩散。持多元史观的历史社会学家会认为，历史不存在进步也没有目的，并同时强调历史人物、转折点、分水岭事件和历史意外等因素对历史进程的影响（Abbott 2001；Sewell 2005）。如果我们把坚持进步史观的学者称为结构/机制决定论者，那么坚信多元史观的学者则可以被称为行动者/过程决定论者。

持多元史观的学者一般会认为结构/机制性力量只能形塑非常局部的社会现象，而社会行动者的行动以及由此造成的转折点和分水岭事件，也可能形塑长时段的历史形态。在多元史观下，前者失去了本体意义，后者却有本体意义上的重要性。如果说进步史观忽视了社会权力/力量的重要性，多元史观则把社会权力/力量对于历史进程的重要性放到了中心地位。但是，持有多元史观的学者却会忽视不同社会权力的不同性质，以及各种结构/机制性力量如何限制或者放大了不同社会行动者的权力等问题。因此，对于那些对多元史观抱有强大信念的美国人来说，听到奥巴马在2008年总统选举时所喊出的口号"是的，我们能够"（Yes, we can），就会激动不已。

多元史观在解构西方中心主义和各种进步史观方面产生了积极意义。在历史学领域，多元史观引导历史学家去研究各种历史，积累了大量的知识。但是在更高的层次，多元史观至少面临着两个问题。第一，随着历史知识的日益丰富，我们对历史的时间性的理解反而变得日益破碎，造就了一个只长知识不长智慧的年代。比如，当代西方历史学被分割为政治史、社会史、经济史、军事史、思想史、科技史、教育史、宗教史、文化史、艺术史、文学史、性别史、法律史、人口史、移民史等领域，并且每个领域的内部又有更细的分割。历史学的研究议题在变小，议题覆盖的时间段也在变短。在这一趋势下，绝大多数的历史学家不再有全局观。第二，也是最根本的问题，这类研究很难回答这样的诘难：既然历史没有规律，我们研究它还有什么意义？诚如休厄尔所说，当历史学家"愉快地把结构决定论扔到一边的时候，这个世界已经随着世界资本主义结构的改变而发生了根本性的变革"（Sewell 2005，49）。历史虽没有前定目标，但是却遵循着多种结构／机制性的规律。

（3）循环史观

循环史观是在亚伯拉罕诸教兴起之前整个欧亚大陆和北非所共享的一种古老的时间观。个中原因很简单：古人所能看到的大多数时间性现象，从日落日出、四季循环到代际交替都具有循环性。在西方，循环史观盛行于基督教诞生前的希腊罗马。近代以来，西方人一悲观，循环史观就会回潮，比较典型的有尼采（Nietzsche 2001）的循环史论和斯宾格勒（Spengler 1980）在"一战"后提出的以四季交替作类比的文明兴衰论，但是一旦走出了阴影，各种带着制度自信的进步史观在西方的影响力就会马上回升。历史记忆在任何形式的社会中其实都是一个很难解决的问题。

循环史观也影响着当代西方社会科学在经验层面的研究。比如，奥尔森分析了为什么利益集团对政治的操控会随着承平日久不断增强，从而成为国家衰亡的原因（Olson 1984）。此外，沃勒斯坦的世界系统理论（Wallernstein 1979；2007），保罗·肯尼迪（Kennedy 1987）的大国兴衰理论也都有很强的循环史观的意味。特钦（Turchin 2003；Turchin and Sergey Nefedov 2009）从伊本·赫勒敦（Ibn Khaldun, 1332—1406）的理论出发，提出前现代帝国势力消长受到两个周期性因素的作用，一是凝聚力周期，即凝聚力大的国家会在国际竞争中胜出，但承平日久则会使得一个国家的精英凝聚力降低和衰败，并被一个凝聚力正在增强的国家所取代，如此以往；二是人口周期，即人口增长导致政治动荡和战争，战争导致的人口下降带来了政治稳定，政治稳定又带来了人口增长。近几十年来美国忽视国内民生，但却到处输出民主和搞"人道"干涉，到头来给自己惹了许多麻烦，严重削弱了美国在世界上的硬实力和软实力。由此导致的普遍悲观情绪使特钦 20 年前发表的观点在当今美国知识界产生了较大影响。

　　循环史观对社会结构／机制、社会行动者和行动者手中权力的重要性的理解，可以说是介于进步史观和多元史观之间。循环史观下的历史没有前定目标，却有规律可循。循环史观同时认可社会结构和行动者手中权力的重要性，但是所强调的却是某些结构／机制性力量或者社会行动者的结构性行为所能起到的反向效果，而这些反向效果恰是非预期的后果。循环史观不会否定历史转折点和分水岭事件的重要性，但在循环史观下，转折点和分水岭往往只是前期反向作用力积累到一定程度后而形成的质变。最后，循环史观虽然认可社会行动者手中所掌握的权力对于历史发展的重要性，但是它却不庆祝权力，因为循环史观看到的不仅仅是社会权力所产生的力量，同时也看到了其阴暗面和由此造成的非预期后果。也正是从这个意义上来说，循环史观给人类历史发展所带来的负面性比进步史观要小得多，而相比于多元史观来说则多了一层谦卑和智慧。

社会权力的性质和历史的时间性

西方人提出的各种循环史观有一个共同点，那就是在他们的理论中，导致历史产生循环的逻辑都固定单一，犹如钟摆在地球引力下左右摇晃。要理解这类循环史观的缺陷，我们就需要回到中国智慧，即老子的道家时间。但在介绍道家时间前，我们需要对从人类行为基础上发展起来的经济力量/权力、军事力量/权力、意识形态力量/权力和政治力量/权力所能引发的一些最为根本性的机制性因果关系，及其这些机制性因果关系对历史时间的结构化作用分别做出扼要分析。

（1）人类行为的生物学基础

人和猿在行为方式上比较接近。猿是政治动物，会通过暴力来捍卫领地，并能制造简单工具，人类则大大发展了这些本性。人猿之间最根本区别在于思想性。猿不论证自己行为的正当性，也不产生诸如死后成"神仙"或者进"天堂"的想象，但是人会。可以说，人类是具有政治性、军事/地域性、经济性和意识形态性的动物。[④] 对人类来说，政治资源、地域资源、经济/物质资源和意识形态资源的稀缺是常态，[⑤] 因此人类也会在这四

[④] 人的结构性行为特征并不止这四个。比如，雌性灵长类从怀孕到哺乳需要较长时间，并且还担负着看护未成年子女的主要任务，而雄性灵长类所关注的则是能在整个群体中占据主宰地位，从而获得更多交配和繁殖后代的机会。雌雄灵长类在这方面的差别会使得雌性灵长类个体对"小政治"，或者说对在能影响自己和子代安全的小环境中取得主导权更关心，而雄性灵长类则会对更大的政治，或者说在自己所生存的整个群体中获取主宰地位更感兴趣。人类虽然与灵长类动物有许多不同，但在性别行为特征方面仍保持着灵长类动物的基本特征，这些特征也会在多个方面影响人类社会。但是，在人类所有的结构性行为特征中，经济性、地域/军事性、意识形态性和政治性这四个特征及其所产生的机制性的社会力量对历史发展具有最为重要的形塑作用。

[⑤] 比如，人总是有穷有富，有打工的、当小老板的和当大老板的；一片地域一旦被一部分人占据，其他人在这片地域上的活动就可能会受到各种限制；有的人能成为大"教主"，成为举世闻名的思想家，而其他人则只能当小"教主"、小教授甚至完全默默无闻；有人当大官，有人就只能当小吏乃至平头百姓。

个面向上展开竞争。⑥ 但是政治、军事／地域、经济和意识形态方面的竞争以及这四个面向的权力的不同性质会产生出不同的机制性因果关系，这些机制性因果关系会产生巨大的能影响人类行为、形塑历史发展的结构化力量，因此也是我们理解历史的时间性的关键所在。

在进一步展开之前，笔者需要强调以下论点都建立在对于理想型的政治、军事、经济和意识形态权力的性质的分析基础之上。我在这里以理想型的意识形态竞争为例来说明理想型分析的含义：理想型的意识形态竞争犹如两个互相不了解对方身份的人在辩论。如果辩论的一方试图用拳头（武力）把另一方压服，或用金钱把对方收买，或者说辩论的一方知道对方的政治身份（比如因为知道对方是自己的上司而害怕），那么这种辩论就不再是理想型意义上的意识形态竞争了。政治、军事、经济和意识形态权力的理想型表达在真实生活中并不常见，因为真实生活中的人类活动（包括他们之间的竞争活动），一般都同时在多个方面展开，因果关系由此变得十分复杂。但我们必须从对政治、军事、经济和意识形态权力的理想型性质出发，才能找到每一类权力背后所隐藏着的各种纯逻辑，或者说清晰的机制性因果关系，而在这些机制的背后隐藏着的就是历史的时间性或者说发展规律。需要说明的是，以下分析仅局限于一些最能揭示历史的结构性规律的机制性因果关系。

（2）经济和军事权力的时间性

理想型的经济和军事竞争有两个共同点。第一，打仗的输赢，做生意

---

⑥ 需要说明，虽然合作也是人类的一个重要行为特性，但是人类合作的目的要么是为了与其他群体展开更大规模和更有效的竞争；要么是某一群体为了保护自己在先前竞争中所获得的特权而采取的一种策略；要么是为了树立竞争的规则和减低竞争的破坏程度；要么是为了在利益冲突较小的非竞争性群体或者个体之间建立共存的可能；要么是一种交换；要么合作各方所面对的是一些不存在稀缺性的非零和资源。因此，虽然合作对于人类来说非常重要，但就对历史形态的影响来说，竞争才是人类行为的一个更为重要的本质。

的盈亏，对于竞争的双方来说都应该是比较清楚的。当然，现实中也会出现输的一方死不认输的情况。但是，真的不认输就不会改变策略，因此会输得更惨，乃至于仗打得全军覆没，生意做得彻底破产。总之，经济和军事层面的竞争有清晰的输赢准则。第二，要在经济和军事竞争中取得优势，竞争的各方都要降低产品成本，提高产品的质量和数量，并且组织得要比对手好。

如果说以上两点能成立，我们就能得出以下两个对历史具有结构化作用的机制性推论：（1）理想型的经济和军事竞争有着清晰的输赢准则，因此会促进工具理性（即一种以最有效达到目的为目标的思维方式）精神在社会中的发展，并且这两类竞争在某个社会中越重要，工具理性在该社会就越具有主导性。（2）历史是积累发展（cumulative development）和有方向的，或者说当前西方盛行的无方向性的多元史观是有误的。历史的积累发展速度取决于经济竞争和军事竞争在社会上的重要性，以及竞争的"迭代长度"。"迭代长度"指的是竞争各方在一轮输赢分明后进入下一轮，并且一轮又一轮投入竞争的能力。迭代长度越长，历史积累发展的速度越快，持续的时间越久。春秋战国时期，中国在科技、军事、经济和组织能力上的高度发展（Zhao 2015)，以及近代以来世界范围内科技、军事、生产能力和组织水平的飞速提高，都是经济和军事竞争长期主导（或者说超长的迭代长度）而带来的非预期性后果。

需要强调，经济和军事竞争给了历史一个看上去是线性的时间性，但这并不等同于进步史观含义上的"进步"。在工业资本主义和民族国家在近代欧洲的形成过程中，经济和军事竞争在世界范围长期处于主导地位（Howard 1976；Mann 1986；Tilly 1990），由此产生的突破性的积累发展极大改善了人类的生存条件，但是它同时也带来了环境危机、人口危机、资源危机、全球不公正、两次世界大战以及原子弹这种能毁灭人类数次的武器。进步史观一般都是由赢者创造的，并且也是赢者的自我论证。18世纪末至20世纪初的绝大多数西方思想家都是进步史观的鼓吹者，其根本原因就在于欧洲人在世界上取得优势之后自我感觉越来越良好。

但是就对历史时间性的形塑方式而言，经济竞争和军事竞争有两点不同。首先，做生意赢利一般都是为了自己、家庭或者某个属于私域范围的小团体，因此经济竞争促进的是一种私域导向的工具理性（privately-oriented instrumental rationality）的增长。战争所声称的目的都是某种集体（如家族、村落、部落、国家）"利益"，因此军事竞争促进的是一种公域导向的工具理性（publicly-oriented instrumental rationality）的增长（Zhao 2015，第一章）。私域导向的工具理性促进的是自由主义和个人主义文化的发展，而公域导向的工具理性促进的则是官僚制和集体主义文化的发展。两种权力的性质因此就产生了相反的结构化力量。

第二，经济和军事权力的相对重要性对某个社会中的权力的结构性分布也有截然相反的影响。经济力量不具有强制性（如果你用枪胁迫人家买你的东西，这就不再是理想型的经济行为了），并且经济权力是一种弥散在社会中的权力。如果没有非经济性的社会力量（特别是国家力量）的支持，一家或数家公司很难在一个国家中建立全面垄断，同时消费者也有一定的力量。因此，在经济竞争占据主导的地方，社会权力就会弥散到由大大小小的企业主、商人和消费者共同组成的社会当中。相比之下，军事权力是强制性的权力，并且军事权力需要集中在少数人手中才能形成很大的力量。因此，在一个军事竞争占主导的地方，权力就会集中到少数人手中。显然，如果国家成了主导军事竞争的行动者，那么国家统治者就会对社会权力形成越来越大的垄断性。因此，军事竞争往往会促进国家力量的增强以及国家在社会上形成主宰。

需要强调，虽然经济权力和军事权力能让历史获得具有明确方向的积累性发展，但是历史发展却不是线性的。因为除了经济和军事，意识形态和政治同样也是人类的本源性质，这两类社会权力和经济和军事权力相比，有许多不同的性质，因此会产生完全不同的对于历史的结构化力量。

（3）意识形态权力的时间性

笔者在多个场合强调，理想型的意识形态竞争犹如两个互相不明对方身份的人在辩论，这样的辩论本身并不产生任何物质上或组织制度上的东西。由此出发，我们可以获得两个对历史具有重大结构化意义的因果推论：第一，理想型的意识形态竞争不促进历史的积累发展；第二，意识形态竞争在某个社会越占据主导，或者说意识形态在一个社会中的位置越重要，该社会积累性发展速度就会越缓慢，乃至出现停滞不前和倒退。

理想型的意识形态竞争同时又像不同价值观的人之间在辩论。如果你让基督教徒、佛教徒、穆斯林和道教徒辩论各自教义的优劣，各方肯定谁也说服不了谁，并且一场辩论过后，各方也许都自以为赢了。由此能获得如下的对历史进程具有结构化作用的因果推论：理想型的意识形态竞争没有明确的输赢准则，不会促进工具理性在一个社会中的增强。意识形态权力还有两个对历史具有结构化意义的性质：一是意识形态是一种劝说性权力，本身不具有强制性；二是人们对某一意识形态的理解总是基于个人的特殊经历和人生体验，而人与人之间的经历和体验又很不相同。意识形态的这两个性质决定了以下的因果推论：意识形态具有本质上的高度多元性。俗话"一娘养九子，连娘十条心"，背后隐含的就有这个层面的意思。

意识形态竞争不促进积累性发展，没有清晰的输赢准则，并且意识形态权力高度弥散多元。意识形态的这些机制性性质是人类历史高度多样性和多重时间性的重要来源，而另外一个历史多样性来源就是多样的商机造就的多元市场。从某种角度来说，当前西方世界盛行的无方向性的多元史观的问题就在于，把主要由意识形态权力和经济权力的性质而造就的历史高度多样性当成了全部事实。

但是在给定的时空中，群体中不同个体的观点有时会非常接近，或者说某一意识形态会在给定的时空中能占据上风，甚至绝对上风。一旦出现这种情况，大家可千万不要认为这一占据着主导的意识形态更接近事实或真理，或者更能代表人类发展的方向，从而产生盲目自信，而应当从两个方面来寻找非意识形态性的力量在背后发挥的作用：一是主动强制，即来自强制性力量（如国家）或者半强制性力量（如教会、学校、传媒）的规训和灌输；二是被动强制，即重大灾害或冲击后形成的短暂共识，比如"二战"后大国之间形成的和平共识、苏联解体后形成的自由民主共识，以及今天在受到第三次民主浪潮伤害的国家中形成的反西方民主共识。

以上分析看似简单，但人类作为一个整体可能永远也不会真正懂得并从中接受教训。我们有个通病：每当看到某个宗教（特别是自己信仰的宗教）的影响飞速增长或者在某地区获得主宰时，我们就会误以为该宗教的教义比其他宗教好（反之就会以为该宗教的教义不如其他宗教）；每当看到某一世俗意识形态（特别是自己所信仰的意识形态）在世界上占据了上风时，我们就会误以为该意识形态是颠扑不破的真理（反之则会认为该意识形态只是个误区）；每当一个国家刚获取了一点成功，该国的精英和民众都会对自己国家的体制和文化信心爆满（反之则会把自己国家的体制和文化看得一无是处）。远的不说，第三次民主浪潮在 20 世纪 80 年代形成之初，没有人能指出其兴起与自由主义这一意识形态是否具有真理性、是否更符合人性毫无关系，而主要原因是在苏联和东欧威权统治失败后，东欧知识分子形成了短暂的民主共识（被动强制），以及美国作为苏联解体后唯一的超级大国，在全世界到处输出民主（主动强制）。

（4）政治权力的时间性，以及它与意识形态权力结合后的时间性

以上的分析显示，意识形态权力所带来的一些机制性性质是历史高度多样化的时间性一个重要源泉，而国家作为一个最为重要的政治权力的代表，则是造就各种意识形态在时间过程中消长的一种最为重要的强制性力量。要更全面地了解历史的时间性，我们就必须了解政治权力的性质，政治和意识形态权力之间的关系，以及由此造成的对历史具有重要的结构化作用的各种机制性因果关系。

理想型的政治竞争在现实世界很难找到相近的例子，但是如果存在一种不能依靠任何组织和资源，以及不能诉诸意识形态的总统竞选，那么该竞选就接近于理想型的政治竞争。理想型的政治竞争有比较清晰的输赢准则（如果竞选只有一人能当总统，没选上的人应该知道自己失败了），因此能促进工具理性文化在社会层面的增长。但理想型的政治竞争不会促进社会的积累性发展，因为它与物质生产没有关系。一个进一步的关乎历史的时间性的因果推论就是：如果理想型的政治竞争在某个社会占据主导，该社会的积累性发展就会放缓。

政治权力的一个重要性质是，它与其他形式的社会力量相比会占据一定优势。这是因为经济和意识形态权力不具有强制性，而政治权力具有强制性。在直接对抗的情况下，政治行动者会占上风。我们可能会说军事权力也具有强制性，但是军事行动者并不具有统治合法性（马上能打天下，不能治天下）。政治权力的一个重要功能就是提供公共物，而提供公共物的能力（绩效）则构成了政治的重要合法性基础。有人会说军事行动者也可以提供公共物，但如果军事行动者能常规地为所控制的地方提供治安、法律和防御等公共物，他就成了政治行动者了。因此，政治权力在历史进程中有着很强的主导和吸纳军事权力的倾向，以至于在韦伯的理论中，军事权力就被简约成了政治权力的一部分。政治权力所占的优势对历史进程有

多重的结构化影响，其中最为重要的就是国家作为人类社会中最为重要的政治行动者，对社会方方面面的控制力和影响力巨大，且在全世界范围内有着不断走强的趋势。

在具体的历史进程中，国家力量不断走强的原因并不仅仅在于其提供公共物的功效。如果提供公共物的能力是国家唯一的合法性基础，基于工具理性的交换关系就会主导国家和社会的关系。在这种情况下，一旦民众认为国家没有能很好地提供某些公共物，他们马上就会不满，由此造成的政治不稳定就会严重削弱国家的政治力量（赵鼎新 2016）。国家权力能在历史进程中走强的一个更为重要的原因在于国家能利用意识形态为其提供软实力，或者说一个更为稳固的合法性基础。要想把某一意识形态作为合法性基础，国家作为一个政治行动者就会选择与给定时空下的某些意识形态行动者结盟。我在前文中已经说明，意识形态的影响力只有与具有强制性和半强制性的力量结盟后，才能得到飞速扩张。因此，作为意识形态行动者的教会、寺庙、学院，大多数都会很愿意与政权结盟。毛泽东曾用"皮之不存，毛将焉附"来描述知识分子的属性，应该说这是一个抓住了意识形态权力的性质和意识形态行动者的性质的洞见。但在另一方面，不同意识形态所提供的不同的合法性叙事，也定义了一个国家的性质和国家-社会关系。古代世界的不同文明、当今世界的不同制度，它们之间最为根本的不同就在于"国教"或者国家所推崇的世俗意识形态的不同。也是从这个意义上来说，轴心时代宗教对文明分岔具有韦伯所说的"扳道工"作用（Weber 1970），以及曼所说的"铺轨"作用（Mann 1986，341）。

（5）道家时间

人类的经济、军事、政治和意识形态行为的内在的各种机制性逻辑会给历史带来不同的时间性，但是这些机制性逻辑大多数都具有很强的正反馈性（赵鼎新 2021，43-45），或者说都具有内禀的不稳定。这一不稳定性势必会带来"报复"，具体说就是会受到各种具有负反馈性质的社会力量的调节，这就形成了所谓的道家时间。道家时间有两个关键。其一是转化和否定，而不是螺旋式发展的"否定之否定"。既然没有螺旋式发展的"否定之否定"，历史也就没有什么终极目标。道家时间就像是一幅太极图，它没有终极目标和意义，但却有规律可循，并且规律的重要性和作用方式也会不断转化。其二是多元动力，即导致事物转化与否定的原因是多重的，并且这些原因的重要性和组合方式可以不断改变。

道家时间的这一特色使它明显区别于西方学者提出的各种对称性循环理论，即认为是同样的力量让历史获得了正向运动和反向运动，也是同样的力量造就了历史一次又一次的循环。持道家史观的学者会认为，虽然历史发展呈波状，但造成单一循环的正反两个方向，以及每次历史循环波动的原因都不见得相同。老子把这个意思总结为"道可道，非常道"，即所谓可道的道，比如，奥尔森的利益集团势力消长周期，特钦的凝聚力周期及人口和政治周期，虽然很有洞见，但都不是"常道"。这是因为可道的道仍然属于社会机制范畴，它们的重要性和在社会中的作用方式必然会随着历史情境而变（赵鼎新 2021，第二章）。那么，什么是"常道"呢？按笔者的理解，在老子的哲学思想下，所谓的常道其实是一个可以做如下表述的强弱转换法则（也可以说是反向运动原则）：任何性质的社会组织、思想和制度，随着它们的力量变得强大，削弱它们的社会力量和社会机制也会变得越来越重要。

笔者在前文中指出，军事和经济竞争能促进人类社会的积累性发展，而积累性发展一旦被赢者定义为"进步"，就会给人一种历史具有目的性方向的错觉。我这里要强调的是，军事和经济权力的自身逻辑除了能给历史以方向性的积累性发展，也会引发各种反向力量。比如，军事冲突的双方都会试图在资源、技术、组织、信息、战略和战术等方面超过对手。军事差距达到一定程度后，占优势的一方就可能做出包括过度扩张、藐视对手、忽视自己的弱点和潜在危机等错误决策。对于处于劣势的一方来说，对方越强大，他们向对手学习和图强的欲望就会越大，于是就会启动强弱力量转化的军事道家时间。

经济行为所能引发的道家时间可从微观和宏观两个层面分别来理解。在微观层面，任何一个公司在成功的同时，势必会提高公司职员的讨价还价能力，从而提高商业成本；公司的成功也会使得成功阶段的组织和经营模式固化，从而给以后的制度创新造成困难；成功还会刺激其他公司模仿并研究超越手段。这些和其他类似性质的社会机制都会把某些公司从成功带入困境，把另一些公司从弱小引向壮大。在宏观层面，市场竞争越不受到控制和调节，贫富差距和环境危机等问题就会越严重，由此造成的各种压力势必会在社会上引发反市场经济的大潮；而大潮一旦来临一般都势不可当，由此造成的对市场的过度压制，势必会引发普遍的贫穷和稀缺，从而增强各种反向逻辑的力量。

政治行为所能引发的道家时间逻辑就更多了。比如，在农业社会中，国家的持续强盛会加快人口增加。这时，人多地少现象就会越发严重，国家的税收能力和对社会的控制力就会不断减弱。还比如，国家力量的持续走强必然会给统治者带来过度自信，固化和强化利益集团政治，让官僚科层逻辑取代政治逻辑，导致社会凝聚力下降，类似的原因都会壮大那些削弱政治势力的力量，形成各种与政治逻辑相关的道家时间。

理想型的意识形态权力不会促进积累性发展，并且高度弥散多元。这些性质就使得理想型意识形态在社会上的存在就如同工程学中所讲的"白噪声"一般，它不提供任何实质性的信息，最多就是给社会增加了一个稳定器，且不引发任何形式的"发展"，也不会启动循环时间逻辑。但是意识形态能论证社会存在和社会行动的合理性，因此很受其他类型的社会行动者青睐，这是因为有意识形态支持的社会力量不但更为牢固，而且还能释放出原本不可能获得的社会能量。但是在与其他形式的社会力量结合后，意识形态权力就不再以理想型状态出现。具体说就是，与其他社会力量相结合后的意识形态就可能会走向强势，其行动者就会获取大量社会资源，并且启动意识形态权力的组织化、教规化以及表述的"高级化"和精细化进程。这就给今天的我们带来了某些"高级"意识形态更具有说服力的错觉。可是，意识形态与其他社会力量组合的另外一个后果，就是成倍地加强了各种反向运动的力量，加速了反向运动的进程。举例来说，没有意识形态的支持，经济自由主义不可能取得强势，而支持经济自由主义的意识形态越在一个社会中占主流，市场的负面性在该社会就越得不到有效控制，由市场的负面性所引发的反向运动也会来得越凶猛。一旦有了殖民主义、种族主义、民族主义等意识形态的支持，军事侵略和奴役其他社会群体的行为就会被认定为理所当然，而所引发的各种反向运动自然也会来得越凶猛。

在经济、军事、政治和意识形态力量所能形成的各种两两组合中，没有比意识形态和政治权力的结合对于历史发展来说更为重要的了。意识形态能为国家（政治行动者的最重要代表）提供更稳定的合法性基础，但是一旦国家推崇某个能为自己提供合法性基础的意识形态，该意识形态就会在高度多元的理想型意识形态场域中脱颖而出取得强势地位。这时，各种反向力量马上就会萌生。比如在当代社会，当作为立国之本的意识形态发展成为被广泛接受的主流价值观时，该价值观就会成为民众看问题的出发点和行为模式的依据。民众因此会对符合主流价值观的舆论坚信不疑，并追求与主流价值观一致的政治正确，包括对自己的行为主动设限、抨击他人的政治不正确行为，甚至要求国家对政治不正确的思想和行为进行打压

（赵鼎新2016）。当政治正确的压力达到一定高度后，伪装和虚伪就会变得普遍，道德高调就会与社会实际产生严重脱节，社会问题就会难以得到反映。再加上对主流价值观深信不疑的国家精英会坚持己见，知识精英会粉饰太平，国家权力的黑暗面和某意识形态的盲区在此时就会被成倍放大，反向力量因此会来得更为凶猛。

在分析社会科学范式交替变化的原因时，笔者曾指出："社会科学范式的背后不仅仅是一些客观事实，而且是具有不同意识形态的人看问题的方法，并且每一看法都是误区和事实的混合，非常复杂。因此，一旦一种观念在社会上或者在学术圈盛行，它都会引发两个导致事物走向反面的机制。（1）在社会上，一种观念一旦取得优势，无论是真诚信徒还是机会主义分子都会不遗余力地把这一观念在思想和实践层面做大。其结果就是不断显露和放大这一观念的误区，所带来的负面（甚至是灾害性的）后果反倒"证明"了其他观念的"正确"。（2）在学术圈内，某一观念一旦占领了学术市场，无论是它的真诚信徒还是跟风者也都会不遗余力地把围绕着这一观念的研究做到极致。学术与经验事实的关系越来越不切合，从而为其他观念和理论的兴起铺平了道路。最为可悲但却几乎是不可避免的情境，就是主流社会观念和主流学术观念的合流，学术在这时会降为权力的附庸和帮凶。在历史上，这种合流带来的总是灾难——古今中外，无不如此。但是，由于以上的两个机制的约束，人类几乎是不可能从中真正吸取教训的。"（赵鼎新2015b，16）笔者在此所分析的，正是政治和具有一定意识形态性的社会科学学术的结合所能引发的道家反向运动。

总结

本文指出历史社会学是一门结合社会学的结构/机制叙事和历史学的事件/时间序列叙事，并且在经验和理论层面上探讨结构/机制和时间/历史之间的关系的学问。历史社会学不是社会学的一个分支学科，而是历史学和社会学的交叉学科。本文还提出历史社会学的核心问题意识是工业资本主义和民族国家产生、发展及其后果，或者说它的关怀在当代，而不是过去。在本文的其余部分，笔者试图提出一个能贯通社会学的结构/机制分析和历史学的事件/时间序列分析的历史发展规律理论，其要点可以总结如下。

第一，除了地理、气候等外部因素，宏观历史的发展规律主要是由经济、军事/地域、政治和意识形态这四个从人类本性发展起来的社会权力来源所形塑。

第二，经济、军事、政治和意识形态权力都带有相应的对历史的时间性具有结构化作用的机制性性质，这些权力来源在不同时空下的相对重要性和组合方式的变化，会导致不同机制的相对重要性和作用方式的改变，从而改变了不同时空下社会行动者的权力结构、思想观念和行为方式。

第三，理想型的经济权力、军事权力、政治权力的一些机制性性质所产生的因果关系，在发展到一定程度后都会引发反向力量的壮大。这些机制性性质表达得越充分，反向力量也就越大，于是就形成了理想型意义下的经济循环时间、军事循环时间和政治循环时间。

第四，理想型的意识形态权力本身不会引发反向力量的增长，但是一旦某一意识形态被用来论证其他权力行动者（特别是政治行动者）行为的合法性，该意识形态就会在其他权力行动者的支持下获得社会影响。该意识形态在社会上越具有主宰性，它所引发的反向运动的力量也越大，形成了与意识形态有关的各种循环时间。

第五，在具体的历史进程中，经济、军事、政治和意识形态力量以及相应的社会行动者一个都不会缺席，情况因此更为复杂。更何况经济、军事、政治和意识形态力量的相对重要性和交互方式在不同时空下高度可变，赋予了历史从表面上看无穷的可能性。

第六，经济、军事、政治和意识形态力量在历史过程中能产生无穷的组合，因此它们组合后造成历史循环的原因，在理论上也具有高度多样性。虽然历史发展呈循环状，造成循环的原因其实很难雷同，因此构成了道家时间。大多数历史循环其实都是道家时间意义下的循环。

第七，在四个权力来源所能产生的两两组合中，政治和意识形态权力的组合对历史发展来说具有一定主导性（primacy），但这主导性并不绝对。因为当这两个权力来源的具体组合（比如多党民主和自由主义意识形态的组合）在具体的历史进程中占据强势地位的时候，也是占据着主导性的政治/意识形态行动者行为张狂的时候。这个时期的政治/意识形态行动者势必会做出各种误判和犯各种错误，从而加大让历史迈入反向进程的力量。在这反向进程中，原有的看上去很牢固的政治和意识形态权力的结合就会松动甚至被打破，经济、军事、政治和意识形态权力之间就会出现其他的结合方式，从而把历史引向其他方向。但是在新的方向下，政治和意识形态权力新的结合马上就又会占据主导，人类也会继续犯着形异实同的错误，造就了一次又一次外观相似、内在原因却很不一致的道家循环。

第八，因为意识形态和政治这两个软硬权力的组合能产生特别大的社会力量，其引发的反向力量因此也更为凶猛。可以这么说，政治和意识形态权力的组合所产生的道家时间圈中"阴"和"阳"的顶点和底点，往往定义了一个时代的风貌。比如，以我个人的经历，就目睹了三次世界性的政治力量和意识形态力量的大重组（包括前两次的顶点和底点）："二战"

后社会主义革命在苏联和中国的推动下汹涌澎湃；20世纪80年代以来民主化浪潮在美国为首的西方世界的推动下，波及世界各个角落；近十几年来保守主义政治在全球的回归。这真是令人唏嘘不已。

不无遗憾地说，在笔者的理论下，人类就像是饮酒过量却还自以为掌握着历史钥匙的醉汉，明明是在一张有四根琴弦（象征着经济、军事、政治和意识形态权力）的巨琴上用脚乱踩，却还自诩是在画着"最美最好的画"，由此导致的各种悲剧性和闹剧性的后果只会加快历史以报复性的方式迈入相反进程。尽管如此，历史仍然有大量规律可循。总之，笔者认为，只有以四个权力来源的性质，以及它们和道家时间的交互为主轴来理解历史，我们才能在社会学的结构/机制叙事和历史学的事件/时间叙事之间建立更好的结合。也只有扬弃主宰西方社会科学的时间观，特别是在近代西方发展起来的世俗进步史观和在当代西方学术界盛行的多元史观，我们才能够发展出带有中国智慧的历史社会学。

【参考文献】

赵鼎新，2015a，《为韦伯辩护——比较的逻辑和中国历史的模式》，《中国学术》第1期。

——，2015b，《社会科学研究的困境：从与自然科学的区别谈起》，《社会学评论》第4期。

——，2016，《国家合法性和国家社会关系》，《学术月刊》第8期。

——，2021，《什么是社会学》，北京：生活·读书·新知三联书店。

Abbott, Andrew. 2001. *Time Matters: On Theory and Method*. Chicago: University of Chicago Press.

Amsden, Alice H. 1989. *Asia's Next Giant South Korea and Late Industrialization*. New York: Oxford University Press.

Anderson, Perry. 1996. *Passages from Antiquity to Feudalism*. London: Verso.

——. 2013. Lineages of the Absolute State. London: Verso.

Augustine, Saint. 2003. *City of God*. New York: Penguin Classics.

Blaut, James M. 1993. *The Colonizer's Model of the World: Geographical Diffusionism and Eurocentric History*. New York: Guilford Press.

Braudel, Fernand. 1992a. *Civilization and Capitalism, 15th-18th Century, vol.1 The Structures of Everyday Life*. Berkeley: University of California Press.

——. 1992b. *Civilization and Capitalism, 15th-18th Century, vol. 2 The Wheels of Commerce*. Berkeley: University of California Press.

——. 1992c. *Civilization and Capitalism, 15th–18th Century, vol. 3 The Perspective of the World*. Berkeley: University of California Press.

Burke, Peter, ed. 2004. *New Perspectives on Historical Writing, 2nd Edition*. Pennsylvania: Pennsylvania State University Press.

Cannadine, David, ed. 2002. *What is History Now?* New York: Palgrave.

Finer, Samuel E. 1997. *The History of Government from the Earliest Times, vol. 1–3*. Oxford: Oxford University Press.

Frank, Andre Gunder. 1998. *Reorient: Global Economy in the Asian Age*. Berkeley: University of California Press.

Fukuyama, Francis. 1992. *The End of History and the Last Man*. New York: Free Press.

Goldstone, Jack A. 2000. "The Rise of the West-or not? A Revision to Socio-economic History." *Sociological Theory* (18): 175–194.

Hall, John A. 1986. *Powers and Liberties: The Causes and Consequences of the Rise of the West*. London: Penguin Books.

Howard, Michael. 1976. *War in European History*. Oxford: Oxford University Press.

Inglehart, Ronald. 1997. *Modernization and Postmodernization: Cultural, Economic, and Political Change in 43 Societies*. Princeton, NJ: Princeton University Press.

Kennedy, Paul. 1987. *The Rise and Fall of the Great Powers: Economic Change and Military Conflict From 1500 to 2000*. New York: Random House.

Kohli, Atul. 2004. *State-Directed Development: Political Power and Industrialization in the Global Periphery*. Cambridge, MA: Cambridge University Press.

Mann, Michael. 1986. *The Sources of Social Power, vol.1: A History of Power from the Beginning to A.D.

1760. Cambridge: Cambridge University Press.

——. 1993. *The Sources of Social Power, vol.2: The Rise of Classes and Nation-states, 1760–1914.* Cambridge: Cambridge University Press.

——. 2012a. *The Sources of Social Power, vol.3: Global Empires and Revolution, 1890–1945.* Cambridge: Cambridge University Press.

——. 2012b. *The Sources of Social Power, vol.4: Globalizations, 1945–2011.* Cambridge: Cambridge University Press.

Melzer, Arthur M., Jerry Weinberger, and M. Richard Zinman. 1995. *History and the Idea of Progress.* Ithaca: Cornell University Press.

Migdal, Joe, E. 1988. *Strong Societies and Weak States: State-society Relations and State Capabilities in the Third World.* Princeton: Princeton University Press.

Moore, Barrington. 1966. *Social Origins of Dictatorship and Democracy.* Boston: Beacon Press.

Nietzsche, Friedrich. 2001. *The Gay Science.* New York: Cambridge University Press.

Olson, Mancur. 1984. *Rise and Decline of Nations: Economic Growth, Stagnation, and Social Rigidities.* New Haven: Yale University Press.

Pitts, Jennifer. 2005. *A Turn to Empire: The Rise of Imperial Liberalism in Britain and France.* Princeton: Princeton University Press.

Pomeranz, Kenneth. 2000. *The Great Divergence: Europe, China, and the Making of the Modern World Economy.* Princeton, NJ: Princeton University Press.

Sewell, William H. Jr. 2005. *Logics of History: Social Theory and Social Transformation.* Chicago: University of Chicago Press.

Spengler, Oswald. 1980. *The Decline of the West.* New York: Knopf.

Stone, Lawrence. 1979. "The Revival of Narrative: Reflections on a New Old History." *Past and Present* (85): 3–24.

Tosh, John. 2006. *The Pursuit of History: Aims, New Methods and New Directions in the Study of Modern History, 4th Edition.* New York: Pearson Longman.

Turchin, Peter. 2003. *Historical Dynamics: Why States Rise and Fall.* Princeton: Princeton University Press.

Turchin, Peter, and Sergey Nefedov. 2009. *Secular Cycles*. Princeton: Princeton University Press.

Robert Wade. 1990. *Governing the Market: Economic Theory and the Role of Government in East Asian Industrialization*. Princeton, N.J.: Princeton University Press.

Wallerstein, Immanuel. 2011a. *The Modern World-System, vol.1 Capitalist Agriculture and the Origins of the European World-Economy in the Sixteenth-Century*. Berkeley: University of California Press.

——. 2011b. *The Modern World-System, vol.2 Mercantilism and the Consolidation of the European World-Economy, 1600–1750*. Berkeley: University of California Press.

——. 2011c. *The Modern World-System, vol.3 The Second Era of the Great Expansion of the Capitalist World-Economy, 1730s–1840s*. Berkeley: University of California Press.

——. 2011d. *The Modern World-System, vol. 4 Centrlist Liberalism Triumphant, 1789–1914*. Berkeley: University of California Press.

Weber, Max. 1970. *From Max Weber: Essays in Sociology*. New York: Oxford University Press.

Wolf, Eric. 1969. *Peasant Wars of the Twentieth Century*. New York: Harper & Row.

——. 2010. *Europe and People without History*. Berkeley: University of California Press.

Tilly, Charles. 1990. *Coercion, Capital and European States, AD 990–1990*. Cambridge, Mass.: Blackwell.

Zhao, Dingxin. 2015. *The Confucian-Legalist State: A New Theory of Chinese History*. Oxford: Oxford University Press.

比较历史社会学
一种个人的观点

约翰·霍尔[①] 著　方腾逸译　郦　菁校

【摘要】本文从作者个人的研究经历出发，在关照诸多当代研究的基础上，说明比较历史社会学这一研究路径如何展开。本文回应的主要问题包括：比较历史社会学的发展过程与理论谱系，如何使用比较的方法以及该研究路径的当下议程和未来发展。

....

社会学可以且应该用两种相互对照的方式定义。第一种方式将社会学和经济学、政治学等同看待，也就是说，如同经济学和政治学将经济和政治作为其特定的研究领地，社会学被定义为对社会的研究。这基本上就是涂尔干（Durkheim）的看法。这位伟大的法国社会学家在这一点上十分激进，他经常宣称在经济和政治（也包括意识形态）领域发生的事情仅仅

[①] 约翰·霍尔（John A. Hall），加拿大麦吉尔大学社会学系教授，在民族主义、国家和帝国、社会理论等方面都有卓越的研究。他的主要著作包括：《权力与自由》（1985）、《强制与同意》（1994）、《美国解体了吗？》（1999）、《有关政治体面的斗争》（2013）、《国家的世界》（2015）、《脆弱的悖论：国家、民族主义与经济危机》（2017）、《资本主义需要什么：来自伟大经济学家被遗忘的教训》（2021）等等。

是深层社会事实（social facts）的反映。然而涂尔干的总体看法是有局限的——有时显然是错的。很多时候，在一个特定的国家发生的事情是宏观社会学事件或力量作用的结果。例如，第二次世界大战结束后，德国的领土被分为东西两块，各自发展出了不同的阶级结构。斯大林正确地预测了柏林墙两侧的国家将会推行各自的社会结构，并认为从历史角度来看这是正常的。更抽象地说，托洛茨基认为战争是历史变迁的动力——关于这一点也有颇多可说之处。

这将我们引向第二个观点。它颇具野心地采用了一种更为广阔的视角，甚至几乎可以说是一种"社会学帝国主义"：社会学被视为所有社会科学的中心议题，因为它追问那些可能会被称作"终极问题"的问题。社会中存在着多种不同的权力来源，如韦伯（Weber）视角中的政治、经济和意识形态权力，还要加上迈克尔·曼（Michael Mann）提出的军事权力。我们需要一个解释这些权力如何互动的理论，且更重要的是，解释其中某一种权力来源在特定历史时点成为主导的原因（Weber 2019；Mann 1986）。这种视角就是比较历史社会学。由此出发的一个推论是，有趣的比较历史社会学观点可以且的确来自社会学系之外。斯密提出了有关社会发展和商业社会性的一般性观点，特立独行的经济学家赫希曼（Hirschman）在之后又补充了关于政治动员的重要观点；同样地，我们也能从国际关系学者和世界宗教研究专家身上学到很多。[②]

本文将会重点论述比较历史社会学为理解社会做出的贡献。我将先评述这一路径的发展历史，这些评价也许不可避免地具有个人性，因为我本人就属于这一认知范式。之后我将转而讨论对历史的运用以及比较方法，接着考察这一路径在当下的议程。在此有一个看似矛盾之处值得澄清：对

[②] 韦伯最为出名的可能是他关于世界宗教的研究，但由于他的早逝，他的研究的完整含义没有被描述清楚。不过该领域内前景广阔、观点有力的研究正在逐渐出现（Cook 2014；Sun and Zhao 2019）。

某一路径的强烈支持并不意味着我认为它将会主宰社会科学；相反，我们必须要有谦逊之心。在某一时间点上比较不同的社会要求我们拥有大量的跨文化的知识，更别说贯通浩渺的历史材料以进行比较。极少有人能够获得这种技能，所以很多顶尖的比较历史社会学者拥有历史学的本科学位并不令人奇怪。另一个值得注意的事实是，这个领域中的许多重大贡献来自那些不只是希望重述事件，而希望进一步提供解释的历史学家。在这一领域，社会科学和历史学之间的合作和互动硕果累累。当然，这种路径在智识上的重要性是可以被质疑的，尤其是考虑到比较历史社会学者已经把这么多社会学奖项不成比例地收入囊中（Lange 2013）。

谱系学

一个不争的事实是，并不是所有有趣的比较历史社会学观点都来自西方。在中国、印度和伊斯兰文明中有许多非常重要的关于社会秩序的观点，尽管他们尚未获得足够的普遍关注。在这些相对的缺失中，最重要的一个例外是对 14 世纪的伊斯兰学者伊本·赫勒敦（Ibn Khaldun）的社会学给予的关注（Gellner 1981）。在某种程度上，赫勒敦代表了东方世界的大部分地区，把对变革的分析和对稳定的欣赏结合起来——这在他对某一政体崩溃后总是被类似的政体取代的解释之中可以窥见。这种对精英循环的解释与整个伊斯兰文明中的"公平循环论"（the cycle of equity）和中国文化中对天命无常的解释有所共鸣。这一切都不足为奇。在一些最引人注目的例子中，一些文明曾成功地提供了持续了几个世纪之久的有序的生活景象。一个与社会演化的本质有关的重要分析点在此值得被强调：成功在于适应环境，而失败在于不能适应环境。这使得我们不能把西方的崛起视为一种常态，并以此来考察其他地方遇到的"阻碍"或犯下的"错误"。换句话说，历史发展经常来自边缘，来自没能适应环境的边缘区域。这在过去的欧洲的西北部已经得到了印证：它的持久的不安、地方性冲突和秩序的缺乏都算得上是显著的"失败"，但正是这种"失败"带来了其他社会后来不得不去适应的发展。由此可以引发一个推论。战后最知名的社会学家之一帕森斯（Parsons），在生命的最后曾因保守和缺乏对冲突与社会变迁的感知而遭受批评。从更广阔的视角来看，这种批评是极不公平的：所有的社会都追求稳定，力图维持他们的系统，并为此尽其所能地进行防御性的现代化。

而西方智识传统与之非常不同，它大量关注社会变迁——后文将会深入阐释其中的原因。在过去两个世纪以来，世界上巨额财富的出现影响了智识生活，并且这种影响仍在持续。这意味着比较历史社会学的诸多观点（至少现在如此）都来自这个世界，且反映着这个世界。在这方面一个代表性的理论家是马克思。他主张历史记录由不同的生产模式塑造，并进一步宣称，除了最终的那个社会，所有社会内部的阶级分化注定会导致社会变革。韦伯对马克思的立场进行了重要的补充。如前文所述，他主张历史记录不仅受到经济力量的影响，也同样受到政治和意识形态的影响。

大多数近代社会科学家在19世纪中期开始写作，他们努力理解他们身边正在改变的世界。总体来看，他们关注的是城市化和工业化，这在那个长久和平的世纪里并不奇怪——涂尔干和马克思都属于这一类。相反，韦伯对战争和民族主义有所谈及，因为德国的经历是如此不同，它通过战争建立了新的民族国家——而韦伯广阔的历史尺度则得益于他所生活的年代里比较历史学学术成果的增加。但这些试图把历史作为一个整体看待的思想动向很快就被一些具体的事件阻碍了。盎格鲁-撒克逊势力赢得了两次战争，然后很快就遗忘了地缘政治冲突和导致这些冲突的因素。英国的李奥纳德·霍布豪斯（Leonard Hobhouse）③只将这些冲突视为对不可避免的结果的一种干扰，并很快回归了天真的自由派乐观主义。"二战"结束之际，美国的帕森斯也是如此。因此，比较历史学关注的议题——如国家、民族主义和战争——那时并不在社会科学关注的中心，因为那些力量被认为是邪恶的。那时的社会学实际上是关于工业社会的研究。

但是例外总是有的。以我自己为例，本科修读历史时阅读摩尔的《专制与民主的社会起源》（Moore 1966）一书的经历改变了一切。那时英国的许多历史研究十分无聊——我们赢得了战争，所以没有必要去想象制度的改变。所以遇到一本在历史方面内容丰富但又热衷于提供解释，且有一种更好地把握我们未来的视角的书，对我来说不啻是一种启示——尤其是当20世纪50年代的宁静和谐被20世纪60年代来源多样的冲突所替代的时候。自此之后，我的作品就在历史学和社会学之间徘徊——提醒历史学者解释的必要性，也让社会学者意识到，如果他们的观点不能解释整个历史，他们就无法理解社会生活，更不用说去理解工业社会。

在我选择比较历史社会学这条路径后，其他一些学者的作品对我来说也变得十分重要，我也开始能够理解他们对这一学术路径的贡献。两次世界大战之间的维也纳很重要，尤其是其中那些有犹太背景的学者。他们面临反犹主义时如此不安，以至于他们生产了现代社会理论的核心文本：波普尔（Popper）的《开放社会及其敌人》（1945）包含着对民族主义发自肺腑的厌恶，因为那对少数群体来说将是灾难性的；同一时间，波兰尼（Polanyi）的《大转型》（1944）完全就是提供了一个关于资本主义和20世纪中期法西斯主义灾祸的理论。然后是法国的阿隆（Aron），20世纪30年代早期在德国教书的经历使他放弃了晚期涂尔干主义的自由和理性的乐

---

③ 霍布豪斯是19世纪末至20世纪初的英国政治家和社会学家，他被认为是社会自由主义最早的支持者与领军人物。——译者注

观主义，转向他后来进一步发展的韦伯主义观点——这种转向在他最优秀的著作《和平与战争》（1966）之中可能体现得最为显著。盎格鲁-撒克逊国家内的流亡者们——伦敦的波普尔和盖尔纳（Gellner），以及美国的本迪克斯（Bendix）都非常重要（Bendix 1978）。最后，生于爱尔兰但在英国接受教育的杰出马克思主义者佩里·安德森（Perry Anderson），也做出了超凡的贡献；他的两大卷有关古典世界和欧洲绝对主义的著作为后来的研究树立了一个标杆（Anderson 1974a；1974b）。

但这些学者之所以能够走上前台，只是因为20世纪60年代环境发生了变化，这些变化将比较历史社会学放到了社会研究的中心位置。其中最为重要的是，如前文所述，与争取公民权利的斗争相关联的冲突和对越南战争的反对取代了20世纪50年代的平淡稳定。年轻的美国学者尤其强烈地感受到了国家的存在，因为国家可能会将他们送往战场；同时他们也震惊地发现，在他们的政体之中，种族主义仍然如此严重。促成历史和比较研究的机制通常是这样的：拒绝服兵役就得去到国外，去到国外就会经历完全不同的文化和语言。这带来的最直接后果是什么？让我们考虑下面两个例子。

一个早期的代表人物是斯考切波（Skocpol），她的《国家与社会革命》（Skocpol 1979）是一部有着重要影响力的作品。她挑战了一个重要的问题：现代世界中革命的起因。她的作品有一个背景假设：只要一个国家还能够维持军事力量镇压自下而上的压力，革命就不会发生。她是对的，这在最近的伊朗已经表现得很明显了。军队没能镇压1978年反对沙阿的叛乱，这导致了1979年霍梅尼（Khomeini）领导的革命；自那以后，国家做好了充分的准备，能够动用一切武力压制学生运动，因此得以成功地保护了自己。因此，斯考切波对于成功革命的解释强调：革命往往发生在国家由于先前卷入战争而破产、破产使得保护国家所需的武装力量衰减的时候。这对于法国和俄国革命来说当然是对的，尽管用来解释反对沙阿的革命因素略微有所不同。

  曼注意到了这种差别，并且超越斯考切波，提供了一个更为一般性的关于革命的理论（Mann 2012）。一方面，他强调政治精英之间的分化的重要性。这种分化曾出现在 18 世纪晚期的法国，精英间的分化让自下而上的运动能够蓬勃发展。相反，精英面对革命时的团结，则很好地解释了 19 世纪大多数时间里革命的缺失。另一方面，曼也补充了关于革命行动者的有力分析。国家崩溃是一回事（在斯考切波看来，国家崩溃不仅由地缘政治因素，且由自下而上的农业阶级的压力导致），一场全面的社会革命——财产和权力关系的真正变革——又是另一回事。沙皇俄国被日本打败后于 1905 年的崩溃不是一场革命，早期美国也没有发生革命。一场革命的出现取决于行动者拥有一种对世界替代性的想象，并准备将之付诸实践。这正是列宁在《怎么办？》中已经提出的：工人的行动可能导致国家的崩溃，但是一个崭新的世界只能够由——也确实是由——布尔什维克党提供的对替代性未来的想象所成就。相似的观点也可以用来评述雅各宾派和反对沙阿的主要神职人员。

  第二个代表性的发现与之相关。尽管列宁对革命的本质有着非凡的洞见，但他的路径缺少了一个重要的方面：说工人没有自己的革命意识是不对的。在列宁的有生之年里，俄国的工人有时是真正的具有革命性的，尤其在 1917 年他们在街上设起路障的时候，他们制造了权力的对立。那为什么工人的革命意识还会变化呢？其中最显著的解释就是去比较性地看待在 1914 年之前发生的工人阶级运动。1914 年以前，国家力图控制人民，而不是像两次战争之间的时期那样动员人民。据此，可以很容易就构造一系列阶级意识的不同层次（Mann 1993）。在美国，阶级意识几乎不存在。白人男性在 19 世纪 30 年代获得了选举权，将国家变成他们自己的国家，并因此把斗争限制在了工业领域。在英国，当国家短暂地威胁到了工会权利，工党就出现了，但它尚缺任何形式的社会主义意识形态。在这个分类的另一端，则是德意志帝国和沙皇俄国。反社会主义的法规在1878—1890年期间确实在工人和马克思主义理论家之间建立了联系，使得德国社会民主党在退回到改良主义之前一度看起来像是社会主义转型的代理人。俄国也有类似的变化：当国家允许工人拥有组建工会的权利时，工人是改良主义的，当独裁政府过于残酷以至于工人们不得不对抗国家时，工人则是革命的（McDaniel 1988）。我们很容易观察到其中的逻辑。多数人害怕被杀死，在改革这个选项可行的情况下，人们会更倾向于改革。因此，阶级意识既来自纯粹的经济因素，也同样来自政治排斥。对此立场，古德温（Goodwin）说得最清楚。他的研究说明，人们只有在"没有出路"的时候转向革命（Goodwin 2001）。而更完整的带有社会学洞见的观点则更全面。社会运动会带有与它们互动的国家身上的特征。包容使改良主义政治得以存在，因此驯化了激进主义；相反，排斥将导致政治化，最终引向对国家的攻击。这个理论洞察来自赫希曼：发言权创造忠诚，而发言权的缺失带来政治化。值得注意的是，赫希曼在他的著作《退出、呼吁与忠诚》中所使用的概念是"退出"，而非政治化（Hirschman 1970）。这提醒我们，这一普遍的理论适用于人们进入现代世界的另一种形式，即民族的形式。在这里，退出恰好是正确的词汇：如果一个民族在一个更大的政治框架内没有被允许拥有其文化和政治权利，它可能真的会寻求退出——就是说，它可能选择脱离。

但是我们可以超越这一点。在讨论比较历史社会学当前议程之前，如我所说的，让我们转而看看具备历史视野和采用比较方法带来的好处。这个选择必然又是个人的、反映我自己的观点，且由于集中关注资本主义世界发达的核心部分而略有偏颇。

历史的用处

我们可以再次考虑将社会演化的性质作为起点,因为比较历史社会学提示我们,有些东西对于所有社会研究来说都是十分基础的。韦伯在讨论"改变世界的单一事件"(singular universals)的时候提出了很重要的一点。④ 基于最简单的原因,社会科学必须是历史的。一个地方的根本变化会形塑其他地方的反应。最典型的例子是资本主义——特别是 15 世纪以来在欧洲西北部以工业形式出现的资本主义——的出现。某个地方出现了新突破,没有人理解当时正在发生的事情。自那以后,政治就是模仿而不是发明。尽管答案并不总是简单的——实现欧洲主导地位的秘密究竟是教育、世俗主义还是强有力的国家?——但政治被有关一个新的世界的可能性的知识所改变了。所有这些都是在说,既然没有办法重复关键历史时刻,社会科学必须经常理性地、尽其所能地复现在单个案例中发生的事情。对此,比较历史社会学的一个根本贡献来自盖尔纳提供的一个非常简洁的"农业-文化政体"(the agro-literate polity)模型(Gellner 1983;Hall 2012)。⑤

前工业社会不是我们今天所认为的"社会"。相反,军事、政治和意识形态精英处于各种社会群体之上,拥有自己的文化和语言,其他群体因为相对弱势,不会也不能干涉这些文化和语言。这不过是些微型的利维坦。地方层级的秩序通常建立在亲属关系纽带的基础上,因为地方上的许多人没有属于一个更大的政治实体的感觉。相比之下,罗马精英确实共享

---

④ 韦伯此话的意思是说,有些单一事件/变化可以改变世界,成为一种普遍的现象。比如最重要的例子就是资本主义的兴起是偶然的:这发生在特定的地点和时间,但其所创造的财富和权力迫使其他地区也必须模仿资本主义以求生存。——译者注
⑤ 盖尔纳此概念是指,在前现代世界的大部分时期,农业社会是高度分层的,其中有一小部分精英掌握了读写和建构文化的权力,他们可能是官僚、教士或贵族等。他们掌握着所谓的高文化(high culture),与农民的地方性低文化(low culture)相对。而进入现代世界之后,读写能力普及,高文化成为普遍的文化,从而催生了民族主义。这里暂时翻译成"农业—文化政体"。——译者注

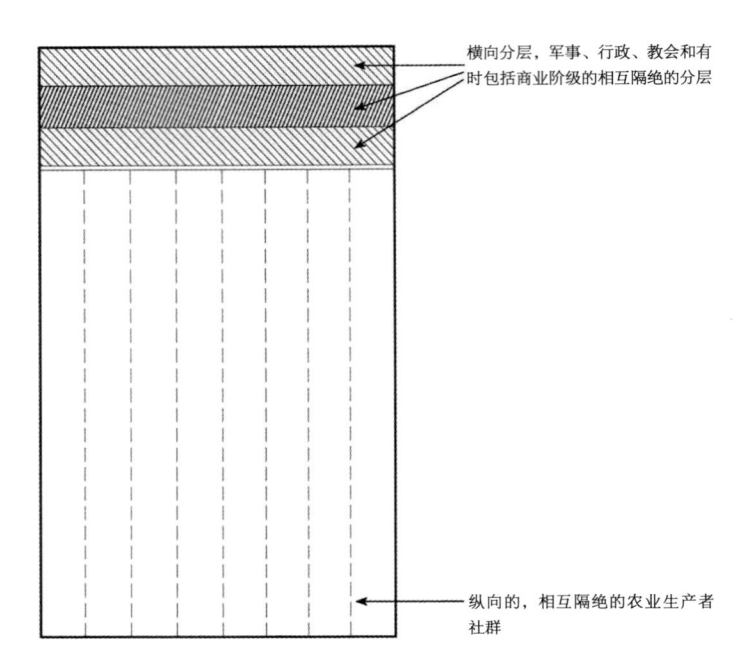

图 1　农业社会结构的普遍形式（Gellner 1983，9）

一种文化，这种文化是以拉丁语和希腊语知识为基础的。举例来说，一个北非或中欧的别墅也有可能和英国或西班牙的相似。⑥ 对此，我们可以做进一步补充，汉学家拉铁摩尔（Lattimore）在他的《中国的亚洲内陆边疆》（Lattimore 1940）一书之中提出了同样杰出的概念：社会整合圈层（circles of social integration）。在前工业社会的环境里，由于现代通讯方式的缺失，经济因素难以整合大片的区域——尽管地中海是这种普遍情况的一个例外。

---

⑥　前现代社会的规则系统之间的差别是巨大且明显的。盖尔纳的模型的一个更大的优势在于，它突出强调了意识形态、经济和政治精英之间的不同利益。盖尔纳给出了一套简洁的四组对比：集中的/非集中的，种马/阉人，开放的/闭锁的，结合的/非结合的。每一组对比都有一个例子来说明：第一组比如罗马教会和伊斯兰教乌里玛（ulama）宗教阶层的分散组织；第二组比如封建武士和太监之间的差别，两者在生理层面上分别忠诚于罗马和古代中国；第三组比如中国庞大官僚管理系统里考试选拔的官员和传统印度世界里世袭的婆罗门；最后，在十字军东征过程中，军事和宗教权力是结合的，这与姓系统之中对不同职能的细致划分完全不同。还可以用很多方式来增加复杂性——比如通过帝国之间在意识形态和制度层面相互借鉴和帝国创造新的兼容性的教义的尝试。

税收也许能够到达更远的地方，因此第二个圈层会更大一些。但正如罗马和中国的城墙所展示的，军事权力可以延伸到更远的地方。由此可以得出两个重要的结论。

首先，我们的世界已经完全不是这样了。只需要进行简单的思考我们就能意识到，社会整合圈层现在已经以复杂的方式完全改变了——最广阔的区域是军事和经济竞争所产生的区域，且两者之间存在着复杂的联系（因为最强大的军事和经济权力可以影响全球化的经济交换形式），诸民族国家在其中生存和行动，并需要不停地适应以在这些庞大的社会当中求生。但是有一点是清晰明了的。现代世界中国家的权力——除了一个下面要提到的例外——已经急遽扩张。用国家可以控制的经济份额来测量国家权力是最好的方式，罗马和当代发达国家的对比在战争这一点上看得最清楚。罗马大约可以控制帝国 GDP 的 5%~7%，其中几乎所有资金都用在了军事上（Bang 2008）。发达资本主义国家则不尽相同，表现在和平时期也能控制 1/3 以上的 GDP，战争时期则更多。由于采用所得税预扣法（pay as you earn），多数人很少意识到国家的在场，也就是说，财政扣除在现代公民甚至没有意识到的时候就完成了——这与过去军队被迫从极不情愿的农民身上榨取资源截然不同。另一个事实是，许多发达国家的国民对国家实际上在做什么没有一个普遍的认识。1880 年，英国成为第一个国内政府预算超过军事事务预算的国家，而这种模式现在已经很普遍了。举例来说，美国当下在老年医保项目、社会保障和教育上开销更大，而军事开销在美国仅占 3%~5%，而在欧洲国家更是少于 2%。尽管考虑到相对成本，我们得出这样的结论必须谨慎——一个美国士兵是极其昂贵的，和阿富汗部落成员相比尤其如此（后者也射击精准、战斗力强大）。总的来说，国家并不像某些人所说的那样正在消亡。相反，国家正在获取新的权力，幸运的是这些权力目前被用在禁烟和防止家庭暴力上。

我在前一段提及的"例外"是和南方国家有关的。从大量通过去殖民运动获得独立的国家的笔直的边界线上，我们可以清楚地看到殖民主义的影响。⑦这些只是"准国家"，是法律的虚构物，国民往往由不同的族裔组成，并不共享同一个身份，其中许多人在相邻的国家有亲属。这些国家的税收收入很低，这使得他们的国家建构如同民族建构一样脆弱。这些国家之所以能够存活，是因为南方国家将"互不干涉"的国际原则纳入了联合国的基本规范，这一原则排除了以往时代相当普遍的征服行径。朱利叶斯·尼雷尔（Julius Nyerere）的总结就很好：正因为所有的国家边界都是无意义的，这些边界必须被维持。⑧这里要指出的基本观点是，时不时出现的有关北方国家的国家权力的丧失的讨论，从任何方面来看都是荒谬的。一方面，正如我之前所说，北方国家有国家权力——它们能够提供秩序、教育、民族身份，即使在国家被承认之前也可以。另一方面，南方国家的情况使我们意识到利维坦的存在是必不可少的——正如霍布斯在很久以前就强调的。我们需要国家。现代世界的核心不是国家的崩溃，而是国家职能的扩张。

第二个一般性的观点事关西方社会的权力，首先在欧洲西北部、现在在美国崛起的原因和后果，然后是当下的挑战和维系。一个关键的背景考虑是东方和西方帝国的不同命运，除此之外两者似乎很相似。罗马衰亡后帝国无法复兴，而中国的分裂时期并没有阻挡帝国的重新统一。我自己的书《权力与自由》（1985）试图解释两者的差别和后果。中国得益于单一的农耕核心以及与政治权力紧密相连的意识形态——现在还可以加上游牧

---

⑦ 意为殖民者往往简单通过经纬线来划分势力范围，之后这些边界由新成立的民族国家所继承。——译者注

⑧ 朱利叶斯·尼雷尔，坦桑尼亚政治家，1964年至1985年曾任坦桑尼亚总统，提倡泛非主义与社会主义运动。他此话的意思是，去殖民运动受到殖民主义遗产的影响，造成了民族国家与国家边界之间的不对等。这一过程必然导致族群冲突和流血事件。但是，如果要改变已经划分的国界，企图让民族边界与国家边界对等，亦会造成战争和流血冲突，也无法改善已有的复杂政治局面。所以还不如维持现有的国家边界，在此范围内进行国家建构和民族建构。——译者注

边疆的重要性，这为重新统一提供了军事资源（Zhao 2015）。相反，欧洲有许多权力中心，意识形态和政治权力之间存在深刻分裂，且它缺乏中国的游牧边疆——所以演变成了封建主义，而非单一政治体的重建（Scheidel 2019）。这些断断续续的评论中有一点值得强调。基督教一直受到罗马政府的迫害，并且遵循耶稣所主张的"恺撒的归恺撒，上帝的归上帝"，始终与罗马政府保持距离——或者用圣奥古斯汀的话来说，上帝之城与罗马城无关。正如霍布斯所说，教会就像神圣罗马帝国的幽灵，但它从未建立自己的霸权。[9] 它不想被别人征服，所以它找到国王，为其提供对建立政府体系大有帮助的神圣服务。

　　这一根本差异的后果是深远的。在中国，帝国的重建带来了稳定，因为一个建立在自由农民基础上的父权制系统永远不需要太多改变，庞大的文明规模意味着它很少会遇到挑战者。而欧洲西北部的主权分割情况是完全不同的。一方面，缺乏单一中心意味着不可能阻止某些事物的发展，其中最明显的例子就是海外探险。西方在海上探险上取得的成功与郑和下西洋以后中国对海外探险加以限制形成了鲜明对比。在这方面至关重要的一点是，任何企图控制商人的尝试不仅注定会失败，而且是极度危险的——因为商人可以跑到其他地方，因此也可以提升对手的经济和实力。另一方

---

[9] 但是教会以一种完全不同的方式产生了影响。一系列禁忌——不与近亲结婚，关于乱伦的新规定（例如不能和已故丈夫的兄弟结婚），拒绝一夫多妻制婚姻——对摧毁那些入侵部落中广泛的亲属关系关系重大。同样重要的是，教会鼓励个人拥有土地和通过个人遗嘱继承。两者的直接起因都是教会对土地的贪婪，这让教会能够变得极其富有。但重要的是后果。第一，这些行动帮助建立了沿着核心家庭线展开的欧洲晚婚模式。这种模式对马尔萨斯意义上的人口压力十分敏感，也就是说人口扩张不会超过生产力提升——换句话说，人口没有把剩余消耗殆尽，就像19世纪中国所发生的那样。第二，这种核心家庭模式可能刺激了个人主义以及经济活动。这是哈佛大学学者的说法，他声称西方变得"奇怪"（WEIRD），也就是西方的（western）、有教养的（educated）、工业化的（industrialized）、富有（rich）和民主的（democratic）首字母组合（Henrich 2020）。对此应持怀疑态度。一方面，文化态度不是永远固定的：天主教在拉丁美洲一度被认为在道德上和经济上都是保守的，但是后来这一宗教左转了。另一方面，对"民主"的强调似乎太老套了，尤其考虑到德国的历史。但是亲属纽带的断裂可能影响很大。当然，国家的最高境界是在公民社会里由非国家行动者来实现我们所习见的政府功能。但是这里也有问题。作为中国特色的亲属系统是支持国家的，但也可能削弱国家，限制其动员社会的能力。伊斯兰社会的情况就明显更糟。这里的亲属关系可能会、并且也曾被用来作为对抗国家的资源。这在赫勒敦眼里是政权更迭频繁的动力。欧洲西北部的扩展亲属网络的崩溃可能促进了国家建构。

面，竞争是永无止境的，这一点尤其表现在战争中——它在西方处于中心地位，在东方处于边缘地位。这样的战争使欧洲历史野蛮甚至令人作呕：欧洲中部可能有 1/3 的人口在 17 世纪早期的三十年战争中死亡。但是这个达尔文主义的世界带来了国家和社会之间不断的互动，尤其表现在对士兵和税收的需求上，其最终结果则是带来了各种类型的理性化，这些理性化带来了进步：因为当某种新发展出现，一个地方如果不马上复制，就会面临灭亡的危险。这里需要提到两点。第一，欧洲创造的多极化已经被扩展到整个世界，使得采取简单的"现实主义"原则，即古典的国际关系理论十分重要，因为在一个没有中央政府的世界里，"敌人的敌人就是我的朋友"。第二，有一句警告绝对是必要的。竞争的确能带来进步，但它曾经有过且现在也有巨大的危险性。当人们进入政治阶段时，控制战争就变得更难，尤其是工业革命让战争变得如此具有大规模破坏性——这当然导致欧洲在现代世界政治体之中失去了中心地位。1945 年以来，核武器带来了人类灭亡的可能性，气候变化加剧了这种可能性（Mann 2013）。我们必须谨慎对待我们的愿望。

比较方法

首先，比较研究的第一个例子可以参考爱尔兰政治科学家奥利瑞（O'Leary）撰写的一份充满智慧的政策简报，他在其中支持爱尔兰的统一（O'Leary 2022）。需要强调的是：比较历史社会学能够提供规范性的建议，以说明什么才是最佳的政治选择。在指出奥利瑞对比较的使用方法前，需要先说明一些简单的背景。英国政客在瓜分原本是统一的土地这件事上劣迹斑斑，尤其体现在印度和爱尔兰——1937 年，他们又计划在巴勒斯坦做同样的事情。土地的"切割"过后则是大量流血事件，其一是在印度教徒和穆斯林之间，其二是在新教支持者和天主教徒/民族主义者之间；这两次分割都不能说是完全"清楚"的，因为分割后新组建的政治体即便在经历了频繁的族群清洗之后也并非以单一族群构成的。朝鲜和德国在战后也被切分，而土耳其的入侵造成了塞浦路斯的切分。

奥利瑞支持爱尔兰共和国和大不列颠之间的法律协议，倡导采用公投的方式解决问题，即举行一场全民公投，要求选民对某一单一的政治问题进行投票，并且选民应当知道，他们是要在直接导向爱尔兰是否统一的问题上进行投票，在这一公投的基础上决定能否实现爱尔兰的重新统一。公投应该在北爱尔兰和爱尔兰共和国各举行一次，但是奥利瑞强调我们需要"比较地思考"以找到解决这件事情最好的方式。这是非常必要的。无论是为了分离或是重新统一，公投都是复杂的。公投把政治选择"固定下来"——这就像人口普查一样。一方面，谁能够投票是一个问题。其危险在于，"民族"的性质常常是在投票结果之前被建构的，而投票结果又取决于如何确定选民，因而，这一循环事先预判了结果！另一方面，公投问题的性质能在两个方面决定结果。问题的设计可以使结果发生偏向。例如，如果这个问题需要导向完全的改变，可以暗示未来的困难。更重要的是，问题可以是模糊而有误导性的，从而导向出乎意料的结果，并为未来"挖坑"。在英国脱欧的公投之中，事情就是如此。问题中只有一个要素——要离开欧盟还是留下，但这在实践中意味着什么却没有人知道。紧接而来的是幻灭、冲突和灾难。

我们需要特别关注2004年通过公投来实现塞浦路斯统一的提案，当时是北部的土耳其人和南部的希腊人一起参加投票。这一提案失败了，土耳其人支持塞浦路斯的统一，但希腊人强烈反对。分析失败的原因能为我们提供教训，告诉我们在未来爱尔兰的例子中要避免什么。其中有四个教训尤其重要。第一，一个清楚的问题是必要的——遗憾的是这次并非如此，使得人们对继续留在欧盟的未来前景充满困惑。第二，同时进行两个公投是不明智的，因为那会使人们不可能准确理解他们正在参与投票的是哪一个。第三，必须进行一个包含各方的长时间讨论——2004年的安南计划（the Annan Plan）就是依靠私下的讨论，包括外国的政治家与社会工程师——以创造对共同未来的充分理解。[10] 第四，任何计划都必须消除双方的疑虑。在塞浦路斯的案例中，希腊人十分担心，因为他们目前有一个行之有效的政体，而土耳其武装力量的持续在场以及未来土耳其人可能会增强政治代表性，也许将会带来一个功能失调的、不公正的政体。奥利瑞认为，关注这四个因素将会改善未来任何有关爱尔兰重新统一的公投。

奥利瑞认为德国在1990年的重新统一也能带给我们教训。这一次没有公投，但实现了统一，且非常成功。我们能从这个案例中获得两个教训。第一，精英层面的"赎买"（buy in）有助于统一：默克尔来自先前的民主德国政府，并且被证明是极其重要的一个总理。第二，德国的案例说明使双方打消疑虑很重要——但这一次是失败者的疑虑。民主德国基本被联邦德国接管了，仅仅因为联邦德国拥有巨大的财富，于是强加了自己的文化给民主德国。其结果是民主德国挥之不去的怨恨，并导致统一后国家内部的严重分裂。这里的教训在于，除非保证北方新教徒的尊严、安全和繁荣，否则爱尔兰不可能实现重新统一。

比较方法的第二个例子与19世纪和20世纪西方帝国不同形式的海外统治有关——考虑到当下对帝国统治本身的空洞谴责，这不仅在智识上，而且在政治上都是重要的。马修·兰格（Lange）区别了法国和英国的治理方式（Lange et al 2021）。前者忠于之前的雅各宾主义，其特点是摧毁不同

---

[10] 安南计划是联合国提出的一个解决塞浦路斯问题的方案。计划内容是建立一个由两个政治实体组成的联邦国家塞浦路斯联合共和国。在2004年公投之前，该计划经过了各方政治力量的多轮协商。——译者注

的族裔背景，把所有人都同化进入单一文化主导的统一政体。英国模式则完全不一样。英国鼓励不同族裔进一步分化，之后再分而治之——帝国可以在所有这些种族之上实现政治平衡，通过特定群体间接统治，然后声称自己是秩序的提供者。这些不同的统治模式影响深远。众所周知，1945年以后最严重的武装冲突发生在国家内部，而不是国家之间。兰格让我们理解了他们不同的形式。前法国殖民地的暴力主要表现为不同的群体试图接管国家；相反，在前英国殖民地，具有政治意识的族群常常选择完全脱离已经建立的国家。英国的遗产要危险得多，其造成了大量的伤亡。

议程

大多数预测未来事件性质和进程的尝试都不太成功。他们倾向于讲更多现有的东西，因此很难发现真正新颖的东西。例如，一代人之前，人们的关注点往往是经济增长的本质和可能性，并假定这是人类进步的关键指标。由于认识到气候变化的影响，人们对这一路径的许多想当然的假设产生了质疑。因此，下面提到的内容也许就不是将来比较历史社会学会关注的焦点问题了。尽管如此，下述三个彼此高度关联的主题仍然影响重大。

第一个主题与资本主义的性质有关，这很大程度上是由于资本主义近期引发的重大震荡。在这个主题下可以处理许多复杂的问题，但我们可以集中关注两个方面。让我们从斯密有关"商业社会性"成功运作的说法开始，因为他的分析从来没有被超越过（Hall 2022）。斯密认为，在这个特定的世界里，人类被一种渴望所驱使，这种渴望是为了给同伴留下深刻印象，获得他们的钦佩，以便他们能够认可自己。财富是获得这种认可的关键手段，它创造了一个人们不断试图赶上社会地位高于自己的人的世界。这位伟大的苏格兰哲学家并非衷心热爱这种无止境的地位追求，因为那可能导致个人腐败。但他还是支持这种追求的，因为追求政治权力要比追求金钱危险得多。他强调这一体系得以运转的关键因素在于，社会中的每个人都拥有参与社会地位竞争的机会。这是一种非常真实且激进的对于平等的基本衡量标准——平等不在于结果，而在于机会。为此，斯密认为政府需要扮演积极的角色，并坚持国家必须有充分的自主性，以应对资本家为了自己的利益而俘获国家的行为。斯密警告说，如果这种情况发生，商业社会将会迅速滑向灭亡。

比较历史社会学遵循这些观点做出了很多重要的贡献。一个重要的发现是，基本的平等会让人们有一种身处社会阶梯之上的感觉，这一观点在很大程度上是特殊环境的产物，也就是说，它并不来自资本主义本身的逻辑。爆发于资本主义社会中心的世界大战造成了收入和财富的均等化，以及随之而来的历史性的阶级妥协。这很好解释。当士兵们被承诺了一个体面的未来时，他们就会战斗，如果需要的话，他们在复员时也有能力执行任何这类社会契约。在英国，劳埃德·乔治（Lloyd George）承诺在第一次世界大战结束后进行"适合英雄"的社会变革，而美国在第二次世界大战结束后通过了退伍军人法（GI bill），提高了那些参加过战斗的人的公民身份。但那是当时的情况，现在的情况非常不同。资本主义社会，尤其是它的盎格鲁-撒克逊中心，正在经历不平等的严重加剧，因为资本家相对相关国家的权力已经飙升（Piketty 2014；Scheidel 2017）。由此可以得出两点。第一点是纯粹经济的。菲利蓬（Philippon）已经证明，正如斯密所提出的那样，美国对资本主义的特殊偏重已经使其竞争力下降，其后果不久后就会显现（Philippon 2019）。第二点更显然是社会性的。这些社会中相当多的人的生活水平在一代人的时间里没有提高。在美国，没有受过大学教育的农村白人的预期寿命也在减少。如今，能够在全球化的世界中生活、流动并取得成功的精英阶层与那些被困在自己国家里的人之间，在生活机会方面形成了鲜明的对比。这种情况是民粹主义崛起的基础，也正是民粹主义促使特朗普上台。关于这一点后文会有更多的讨论，但我们需要先回到当代资本主义的第二个弱点。

资本主义从来不是纯粹的，它深受大国期望的影响。李斯特（List）对斯密的批评在一个方面是对的：保护新兴工业有助于防范主要经济大国的控制（2005）。[①] 但更重要的事实是，"二战"之后为国际资本主义设立的机构都是由美国指定的。国际资本主义体系是美国味的——强调市场交换的重要性（基于以北方制造业优先于农业生产的条款，经常是有损南方国家的），以美元作为世界头号货币。这个体系已经慢慢改变了它的特质，从相对温和变得非常具有侵略性。美元一直拥有"铸币税权"（seigniorage rights），即在全球以美元进行交易时能够以低利率借款的能力，但现在已经不止于此了。美国经济表现的下滑正在引发保护主义，即"美国优先"（America First）政策，这些政策正开始严重地扰乱世界贸易体系。但半空的杯子仍是半满的，美国的力量仍然强大。一个非常重要的威胁是：美国控制的国际资金清算系统（SWIFT）可能会对其敌人关闭，甚至也可以对那些在伊朗问题上没有听从美国指挥的盟友关闭。

我已经就经济和政治事务说了很多，但是比较历史社会学中最重要的智识发展可能是对民族主义的关注。这个话题1945年之后在西方大学中很大程度上被忽视了，由于民族主义本身和法西斯主义相关联，因而被视为危险的。但是20世纪80年代的一些优秀作品，大多恰恰出自有犹太背景的思想家之手，例如盖尔纳（Hall 2012）。他们把这一话题重新推向了前台——或者也许是当冷战的终结提高了民族主义运动的形象（尤其在南斯

---

① 值得注意的是，工业化自身就是靠军事起步的，这也导致了国际贸易竞争，因为每个国家都试图拥有同样的基础工业系统以保证地缘政治自主权（Sen 1983）。

拉夫）这一话题才被认真对待。基于显而易见的原因，这是一个令人高兴的发展。在1914年，世界的主要人口都处于几个帝国之中。奥斯曼、德意志和哈布斯堡帝国崩溃之后，接着是1945年以后的去殖民化，以及苏联控制区域的解体。现代世界默认的政治立场是民族国家，但这一历史形式需要从几个方面进行解读。

民族主义是一个复杂的力量。第一，它可以由不同的社会群体来推动——比如，军事领袖如反对拿破仑的克劳塞维茨（Clausewitz），知识分子如马志尼（Mazzini）。[12] 第二，它捉摸不定。民族主义经常是由精英驱动的，追求民族的权力，热衷于赋予社会一种文化，以便赶上其对手——特别是在战争中表现得更有效率。但正如前言提到的，它最近已成为"被落下的人"所依靠的力量，以便强化他们所生活的民族——并以那些想要在更广阔的世界自由流动的人为代价。[13] 第三，民族并不总是存在，像民族主义理论家经常宣称的那样，等待着被"唤醒"。恰恰相反，民族建设的过程也是国家建设的过程。如前所述，在前英国殖民地，存在着相互竞争的族群，这使得国家建设尤其困难，尤其是在没有战争——那些曾在欧洲历史上导致共同民族认同的压力——的情况下。威默（Wimmer）描述了促成民族建设的力量，并在某处将俄罗斯和中国进行了比较，以说明共同语言对于建立共同身份的好处（Wimmer 2018）。这是对的，但要记住的是，国家可以建立在多元化的基础上，也就是说，正如赫希曼的理论所表达的那样，不同的族群也可以忠于赋予他们发言权的政体。这适用于加拿大和瑞士，从更广泛的意义上

---

[12] 克劳塞维茨为普鲁士著名军事家，曾发表日耳曼民族解放纲领，在其中表达了改革派联合俄国，抗击拿破仑的观点；朱塞佩·马志尼是意大利统一运动的重要人物。——译者注

[13] 此处的意思是，新自由主义时期，全球化的、可以自由流动的精英获得了最大的收益，而只能在本地生活、依靠本地产业结构生活的中下层则被锁定在特定的全球分工秩序之中，缺乏灵活性，他们是全球化中利益受损的人。在新的时期，这些利益受损的群体试图调用民族主义来对抗新自由主义和全球化安排，推动民族主义的经济政策，提高税收等等。这对于全球化精英来说是不小的打击。——译者注

说，也适用于欧盟成员国。最后，有一件事是肯定的：虽然民族主义可能导致暴行，但共同身份也会使政体变得强大。同质的小国在经济上效率很高，因为文化上的团结促进了面对变化时的灵活性和适应性（Campbell and Hall 2017）。美国相对衰落的一个原因是目前内部的严重分歧，这显然妨碍了它对世界上不断变化的经济和政治状况做出一致的理性回应。

比较历史社会学家目前最感兴趣的第三个领域，是帝国主义的性质问题。这里首先要谈的是帝国主义和民族主义之间的联系，这是我目前工作的重点。民族主义导致了第一次世界大战，这种想当然的观点需要受到挑战。首先，我们要做出一些重要区分。在20世纪早期，分离主义的民族主义运动并不是非常危险，如果没有地缘政治的干预，可能是可以控制的。真正重要的问题是，精英们担心民族主义可能在未来造成问题，这导致他们在1914年做出鲁莽和冒险的决定（Lieven 2009）。这实际上是说，1914年大帝国的行为和欧洲历史上国家的行为一样；它们不是彼此独立的世界，而是相互竞争的帝国。尽管如此，它们包含着非常重要的帝国的特征。想想哈布斯堡这一关键案例：

> ……[军事]精英们非常清楚19世纪最后几十年里奥匈帝国社会的转变——从大众政治的发展到官僚制度的政治化——严重削弱了他们的权力和影响力……1914年精英阶层的悲观情绪是促使总参谋部和外交使团的一些成员冒险将奥匈帝国带入战争的一个因素。他们认为，像战争这样的大灾难，是他们平息国内政治冲突的最后机会……因此他们拥抱了战争。作为对战争负有最大责任的人……[康拉德（Conrad）]本人写信给约瑟夫·雷德利希（Joseph Redlich），表达了他们那个阶级的恐惧，他写道"要和平地改善君主制的内部状况非常困难"（Judson 2016，383-384）。

除了对失去地位的恐惧，还有其他因素。工业化带来了公共领域的产生。但这些新的公众在帝国的宫廷文化中没有表达自己的空间。新兴中产阶级对被排斥的现象非常不满，尤其是在德国，这导致了对更广泛的民族主义政治的需求——用更广泛、更激进的政治取代传统的地缘政治（Chickering 1984）。因而帝国转而拥护荣誉文化，这使得在 1914 年 7 月和 8 月理性计算变得极其困难。最后的一点是所有这一切的必然结果。从长远来看，民族主义可能会改变——实际上是破坏——帝国的特性。但这是战争的结果，而这一点很重要。一方面，战争的经历极大地加强了民族主义情绪——其重要性的上升是战争的结果，而不是战争的起因。当时强烈的民族主义情绪在很大程度上造成了两次世界大战间期的政治纷争，民族主义也与法西斯主义有明显的联系。另一方面，战争本身改变了世界的历史，使俄国革命成为可能——从而为资本主义提供了一个历史性的替代方案。

关于帝国主义我需要说最后两点。在 19 世纪末，帝国变得具有吸引力，因为规模似乎是地缘政治自治必不可少的条件。1945 年后，尽管这一点对大国来说仍然是对的，其他地方则逐渐转向了相互依赖——尤其是在欧洲，帝国被放弃，各国选择共建工业系统，而不是坚持拥有地缘政治自治所需的全部工业系统。但是，由于气候变化，规模可能会再次变得重要，因而一个有着稳固边界的安全的领土再次变得具有吸引力（Lieven 2009）。第二点更为显著，但是在短期内更危险。国际关系理论家已经注意到世界政治的权力转移可能带来的困难。他们认为，一个不肯罢休的衰落中的霸权国家可能带来的危险，也许与正在崛起的大国一样多。我们今天似乎就处在这种情况下。

结论

我并没有提供一个对于比较历史社会学的完整解释，只是强调了它的一些显著特征。让我以一个类似的、对某些特定学者的注解来作为结束吧。人们普遍认为韦伯是历史社会学领域第一个重要的人物。我相信把迈克尔·曼尊称为"我们时代"的韦伯是有道理的。他的作品涉猎更广，且已经超越了韦伯——曼倾向于认为历史没有模式，并坚持他所提到的权力来源中的任何一个都可能在任何时候占据主导地位，这给我们提供了一些相当重要的评论，说明不同的权力来源可能在特定的历史时期占据主导的情况。但比较历史社会学已经取得了长足进步，这种路径正变得越来越复杂。兰格的研究就是一个例子。一方面，他采用了一种真正复杂的混合方法，这将推动比较历史社会学的发展（Lange 2013）。另一方面，他的一项重要研究把一个对比较历史社会学仍有很大贡献的早期理论家带了回来。他关于教育"泡沫"的研究，即受压制的大多数人的教育水平突然急剧上升的情况，表明了政治和社会冲突很可能随之而来。新近接受教育的多数人将试图取代以前占据主要统治地位的少数人，有时会以人们可以想象到的最暴力的方式表现出来（Lange 2011）。这再现了伟大的法国理论家托克维尔（Tocqueville）的发现，即穷人和受压迫的人并不能推动根本的变革，那些期望不断提高的人才是推动革命的人（Tocqueville 1955）。

【参考文献】

Anderson, Perry. 1974a. *Passages from Antiquity to Feudalism*. London: NLB.

——. 1974b. *Lineages of the Absolutist State*. London: NLB.

Aron, Raymond. 1966. *Peace and War: A Theory of International Relations*. London: Weidenfeld and

Nicolson.

Bang, Peter F. 2008. *The Roman Bazaar: A Comparative Study of Trade and Markets in a Tributary Empire*. Cambridge; Cambridge University Press.

Bendix, Reinhard. 1978. *Kings or People: Power and the Mandate to Rule*. Berkeley: University of California Press.

Campbell, John L. and John.A. Hall. 2017. *The Paradox of Vulnerability: States, Nationalism and the Financial Crisis*. Princeton: Princeton University Press.

——. 2021. *What Capitalism Needs: Forgotten Lessons of Great Economists*. Cambridge: Cambridge University Press.

Chickering, Roger. 1984. *We Men Who Feel Most German: A Cultural Study of the Pan-German League, 1886–1914*, London; George Allen and Unwin.

Cook, Michael. 2014. *Ancient Religions, Modern Politics: The Islamic Case in Comparative Perspective*. Princeton: Princeton University Press.

Gellner, Ernest. 1981. *Muslim Society*. Cambridge: Cambridge University Press.

——. 1983. *Nations and Nationalism*. Oxford: Basil Blackwell.

Goodwin, Jeff. 2001. *No Other Way Out: States and Revolutionary Movements, 1945–1991*. Cambridge: Cambridge University Press.

Hall, John A. 1985. *Powers and Liberties: The Causes and Consequences of the Rise of the West*. Oxford: Basil Blackwell.

——. 2012. *Ernest Gellner: An Intellectual Biography*. London: Verso.

——. 2022. "In Praise of Adam Smith, or, the Workings of Commercial Sociability", in T. Demeter and E. Schliesser, eds, *The Sociological Heritage of the Scottish Enlightenment*, Edinburgh: Edinburgh University Press.

Henrich, Joseph. 2020. *The WEIRDest People in the World: How the West Became Psychologically Peculiar and Particularly Prosperous*. New York: Farrar, Straus and Giroux.

Hirschman, Albert O. 1970. *Exit, Voice and Loyalty: Responses to Decline in Firms, Organizations and States*. Cambridge (MA): Harvard University Press.

Judson, Pieter M. 2016. *The Habsburg Empire: A New History*. Cambridge (MA): Harvard University

Press.

Lange, Matthew. 2011. *Educations in Ethnic Violence: Identity, Educational Bubbles, and Resource Mobilization*. Cambridge: Cambridge University Press

——. 2013. *Comparative-Historical Methods*. London: Sage.

Lange, Matthew., Tay Jeong, and Emre Amasyali. 2021. "The Colonial Origins of Ethnic Warfare: Re-Examining the Impact of Communalizing Colonial Policies in the British and French Empires", in *International Journal of Comparative Sociology* 62 (2): 141–165.

Lattimore, Owen. 1940. *Inner Asian Frontiers of China*. New York: American Geographical Society.

Lieven, Dominic. 2002. *Empire: The Russian Empire and Its Rivals*. New Haven; Yale University Press.

List, Frederick. 2005 [1841]. *The National System of Political Economy*. New York: Cosimo Classics, Vol.1–2

Mann, Michael. 1986. *The Sources of Social Power. Volume One: From the Beginning to AD 1760*. Cambridge: Cambridge University Press.

——. 1993. *The Sources of Social Power. Volume Two: The Rise of Classes and Nation States, 1760–1914*. Cambridge: Cambridge University Press.

——. 2012. *The Sources of Social Power. Volume Three: Global Empires and Revolution*. Cambridge: Cambridge University Press.

——. 2013. *The Source of Social Power. Volume Four: Globalizations*. Cambridge: Cambridge University Press.

Moore, Barrington. 1966. *Social Origins of Dictatorship and Democracy: Lord and Peasant in the Making of the Modern World*. Boston: Beacon Press.

McDaniel, Tim. 1988. *Autocracy, Capitalism and Revolution in Russia*. Berkeley: University of California Press.

O'Leary, Brendan. 2022. *Reunifying Ireland: How it May and Should Happen*. Dublin: Penguin.

Philippon, Thomas. 2019. *The Great Reversal*. Cambridge (MA): Harvard University Press.

Piketty, Thomas. 2014. *Capital in the Twenty-First Century*. Cambridge (MA): Harvard University Press.

Polanyi, Karl. 1944. *The Great Transformation*. New York: Farrar & Rinehart.

Popper, Karl R. 1945. *The Open Society and Its Enemies*. London: Routledge.

Scheidel, Walter. 2017. *The Great Leveler: Violence and the History of Inequality from the Stone Age to the Twenty-First Century*. Princeton: Princeton University Press.

——. 2019. *Escape from Rome: The Failure of Empire and the Road to Prosperity*. Princeton: Princeton University Press.

Sen, Gautam. 1983. *The Military Origins of Industrialization and International Trade Rivalry*. London: Palgrave.

Skocpol, Theda. 1979. *States and Social Revolutions: A Comparative Analysis of France, Russia and China*. Cambridge: Cambridge University Press.

Sun, Yanfei. and Dingxin Zhao. 2019. "Religious Toleration in Pre-Modern Empires", from Francesco Duina (ed.). *States and Nations, Power and Civility: Hallsian Perspectives*. Toronto: University of Toronto Press.

Tocqueville, Alexis. [1859] 1955. *The Old Regime and the French Revolution*. New York: Anchor Books.

Weber, Max. 2019 [1922]. *Economy and Society: A New Translation*. Cambridge (MA): Harvard University Press.

Wimmer, Andreas. 2018. *Nation Building: Why Some Countries Come Together and Others Fall Apart*. Princeton: Princeton University Press.

Zhao, Dingxin. 2015. *The Confucian-Legalist State: A New Theory of Chinese History*. Oxford: Oxford University Press.

从"过程-事件分析"到"追根溯源的事件社会学"

应 星[①]

【摘要】 2000年,中国社会学界曾就"过程-事件分析"与"结构-制度分析"发生过一场学术争论。作者将"过程-事件分析"引入关于中国共产党革命的历史社会学研究并加以发展,提出了"追根溯源的事件社会学"分析策略。这种策略强化了"事件"在社会学研究中的理论意义,强调带着结构性问题关怀进入事件史研究,通过微观比较分析来厘清事件的根源、流变与分叉,结合概念史来展开事件史研究,将具有文明和制度担纲者意义的身份群体及社会行动者作为分析的重要入手点,并将空间的视角纳入事件史分析。作者还分析了"追根溯源的事件社会学"与西方既有的事件社会学、微观比较分析及谱系学传统的关联。

[①] 应星,清华大学社会学系教授。研究领域涉及历史社会学、政治社会学、社会运动、革命社会学、教育社会学。

一

在西方学术脉络中，"国家-社会"范式的原型可以追溯到洛克与黑格尔的论争，到20世纪70年代后得到进一步的复兴（邓正来、亚历山大2002）。这种范式对海外中国研究也产生了重要影响，比如戴慕珍就用该范式对毛泽东时代的农村社会进行了分析（Oi 1989）。相较长期流行的集权主义范式而言，这种分析给人耳目一新的感觉。20世纪90年代，"国家-社会"范式被引入国内学界后，对社会学、政治学和历史学等学科产生了广泛的影响。不过，国内学者在对这一范式的反思中逐渐有了自己的理解。2000年，孙立平首次提出了"过程-事件分析"的研究方法。他之所以提出这种方法，主要是针对学界以往对"国家-社会"范式的机械运用，强调要把国家和社会的关系当作一种动态的实践过程去把握，要在事件性的过程中去挖掘"社会隐秘"，要洞察中国社会尤其是乡村社会那种复杂而微妙的运作逻辑和机制，要揭示权力的非正式面向、微小实践面向。作为研究对象的"事件"是指与日常生活状态不同的一种突变状态、一种"爆炸"；而作为分析策略的"过程"是指研究者要着力于事件的细节展示，把研究对象转化为一种故事文本（孙立平2000）。应该承认，"过程-事件分析"在学理上的论证并不充分、严谨，具有某种印象派的风格。无论是文中所说的"社会隐秘"，还是对布迪厄等西方社会理论的理解，都存在一些可议之处（参见谢立中2010，239-288）。此外，该文对历史社会学在事件分析上已有的学术积累也借鉴不足。然而，该文的经验直觉却是异常敏锐的，对于学界理解中国社会特别是乡村社会的独特运作逻辑，打开了一条充满想象力的通道。这也是在该文发表后的二十多年里对青年学子持续产生影响的原因所在。不过，今天"过程-事件分析"这个概念在国内社会学研究生的学位论文中已经泛滥成灾，似乎任何一个采用质性研究或案例研究方法的论文都可以堂而皇之称自己使用的是"过程-事件分析"。用案例就要讲一个事，讲事自然就要叙及过程，这不就是"过程-事件分析"吗？但如果真是这样，那还有什么必要刻意提出和使用"过程-事件分析"这个概念呢？直接用"质性研究"或"案例分析"不就可以了吗？

"过程"和"事件"对社会学究竟意味着什么，这是大有深意的，绝不能望文生义。事实上，在孙立平刚提出这个概念的时候，就产生过严肃的争论。李猛在当时的一次内部读书会上从社会学如何去看待稍纵即逝的现实这个角度着手，批评了孙立平所用的"社会隐秘"一词，因为这种致力于挖掘"隐秘"的做法与孙立平自己文中指出的要去面对"有时纯粹是偶然或随机的联系"是背道而驰的，而只有摆脱意义解释的总体性陷阱，赋予具体事件以独特的意义，才能真正实现事件社会学的分析。不过，李猛依然高度赞赏孙立平文中最重要的一个洞察，即对生活世界中"有事情（事件）的时候"的捕捉。在他看来，正是"有事情的时候"，日常生活所有的关系才会被调动起来，所有的（虚拟）"结构"才会成为"可见的"。也就是说，只有在事件中，"关系/事件"的关系一面才会充分展现出来。显然，李猛的这一看法来自他对福柯思想的研究。他在其硕士论文中提出了"关系/事件的社会学分析"，揭示了从"大事件因果关系"向"小事件因果关系"的社会学转向的意义（李猛 1996）。李猛对孙立平文章的批评更多是澄清该文中的一些模糊、误导之处，其基本旨趣是相通的。而张静则提出了更为严厉的批评。她坚持为"结构-制度"分析方法辩护，强调规则分析的重要性，"事件"不过是现时各种制度、社会结构复杂作用的"产物"，社会学要能从具体的现象描述一般化为概念框架的评估和推演，从丰富的历史事实一般化为简洁的抽象概念。我们在其名著《基层政权：乡村制度诸问题》中可以看到她是如何对"事件"进行一般化处理和提升的（张静 2000；2019）。有趣的是，事件分析路数与结构分析路数在"过程-事件分析"被提出来之前的 1998 年就已经暗藏张力。在张静（1998，155-189）当年主编的一部文集中，她自己的文章展示了逻辑清晰的结构分析路数，而李猛（1998，124）在对同一文集中一篇文章的评论中这样写道："对于一次社会分析来说，叙事意味着什么？在追求所谓科学性的过程中，社会分析似乎总在竭尽全力地来驱除叙事的含量，将它们转变成为'个案''例子'或者作为背景的无关紧要的'逸事'。但是，实际上正是叙事本身可以帮助我们克服一次社会分析中容易导致的唯智主义的'符号暴力'。"与此同时，项飙（1998，127-147）也在该文集中用"主体-实践"范式，按照时间顺序讲述了"非国家空间"生成的故事，并提出要重视各种非正式的行为和关系，重视草根社会在日常生活中形成的各种策略，重视普通社会行动者的能动性。项飙 2000 年并没有参加"过程-事件分析"的争论，不过，他在该年出版的《跨越边界的社区：北京"浙江村"的生活史》（项飙 2000）可以说与"过程-事件分析"风格是有亲和性的。

我自己当年也卷入了这场争论中。我的一篇论文正是孙立平提出"过程-事件分析"赖以立据的三篇经验研究之一。而我在随后出版的博士论文《大河移民上访的故事》中更把"过程-事件分析"或"关系/事件分析"发挥到了极致：在该书正文部分，既没有提出任何一个理论概念，又没有进行中层理论的文献综述，也没有进行通常意义上的社会学机制分析，而是通篇像小说一样在讲故事（应星 2001）。在 2000 年的社会学界（而不是人类学界），以如此风格提交博士论文，还是有些匪夷所思的。人们通常产生的质疑是："那是一个不错的故事，可它真的算是（社会学）研究吗？"（Ceglowski 1997，188）。有人惋惜我浪费了如此好的分析素材，没有实现从素材到分析、从故事到理论的提升及跨越。当然，我在论文的结语部分对此是有所申辩的。我当时既展示了"过程-事件分析"对洞察中国社会的独特价值，也已意识到这种方法的适用范围及被滥用的危险。社会学者的故事是"讲"出来的，"讲"本身就是理论功夫的体现；这种"讲故事"的高下之分，端赖研究者的问题意识及对复杂事件和微妙局势的精准把握。

之所以在此重提这场学术争论，不是要在"过程-事件分析"与"结构-制度分析"之间做一个是非高低的判断。正如张静（2000，15-16）当年在争论中已指出的：这两种方法并不是完全对立的、排他的，究竟是进行因果分析或结构分析，还是进行过程分析或事件分析，取决于研究者所关心的问题及资料的性质。旧事重提是因为"过程-事件分析"和"结构-制度分析"都通过这场争论而有了新的发展。孙立平（2002）后来提出了"实践社会学"，而张静（2018）则提出了"从故事到知识的案例分析目标"。两文均在国内最重要的社科期刊——《中国社会科学》发表，都各自赢得了广泛的读者。这两位同样令人尊敬的前辈在学术争论上的佳话权且不表。而我自己从2012年开始将研究重心转向历史社会学和革命社会学后，也将"过程-事件分析"的路数带入并有了新的发展（应星2016）。当然，学术争议再次随之而起。如果说由于中国社会学界具有社会学与人类学不分家的优良传统，因而社会学接受人类学这种常见的"讲故事"方法还不是太困难的话，那么，当"过程-事件分析"风格的历史社会学面对以叙事为学科根基的历史学时，就遭遇到了更多的质疑，陷入了更大的尴尬。因为这已经不再是社会学内部的学科之争，而是一个牵涉社会科学与人文学科两大学科门类之间关系的问题了。按照布罗代尔1958年的说法：社会科学与历史学之间的对话是"聋子的对话"（布罗代尔2008，71-72）。即使是到了今天，这种对话的局面也未见实质上的改善。那么，历史社会学做"过程-事件分析"的学术正当性究竟何在呢？

二

"历史社会学"作为一个分支学科的名称是迟至 20 世纪 60 年代才在美国出现的。经典社会理论虽不存在"历史社会学"这个概念，却普遍具有历史社会学的视野。20 世纪 60 年代开始复兴的欧美历史社会学发展出不同的传统。对这些传统的划分，学界的看法不完全一致。多数学者倾向于进行三类划分：以摩尔（B. Moore）、斯考切波（T. Skocpol）等为代表的比较历史分析（或历史因果分析）路径；以本迪克斯（R. Bendix）、汤普森（E. P. Thompson）等为代表的历史解释性路径；以艾森斯塔德 (S. N. Eisenstadt)、斯梅尔塞（N. Smelser）、沃勒斯坦（I. Wallerstein）等为代表的普适性理论建模路径（Skocpol & Somers 1980，174-197；斯考切波 2007，373-407；Kalberg 1994，4-9；休厄尔 2021，78-118）。② 也有学者把社会科学研究分为两个传统：旨在理解和厘清特定人类活动在特定文化条件下的内在含义或意义的解读传统；旨在寻找具体事物或事件的内在机制以及与之相应的因果、辩证、对话性或历史性关系的解释传统。这两种传统落在历史社会学领域就体现为序列时间叙事和结构机制叙事之间的张力。尽管在这种张力下呈现出来的时间观有多种形态，不过其划分基础仍是时间性叙事与结构性叙事的二分（赵鼎新 2006，7；2019）。本文采用更为简明的二分传统。

许多社会学家都强调结构性叙事才是社会学立足的根本，历史社会学也不例外，讲故事本身或描述事件、过程都不是社会学的目的，社会学最终需要揭示的是故事背后的结构/机制或知识（参见张静 2018；赵鼎新 2020）。我认同结构性叙事对社会学的分析目标是至关重要的，但我不同意

---

② 本文翻译成"斯考切波"，但所引中文繁体译本译作"斯科克波"。

把故事本身与故事背后的结构/机制切割开来。前述李猛（1996）的论文已经指出，标准的社会学叙事是所谓"大事件因果关系"和"中心辐射模式"，但"小事件因果性"的出现已颠覆了事件等级制，尤其是以韦伯、福柯等为代表的一批思想家采取了"表面效果"的研究策略，拒绝在社会现象的背后寻找一个有机体或一成不变的"社会结构"，拒绝在独特的历史事件背后寻找一个普适性的历史决定因素。这种小事件因果关系分析或所谓的"关系/事件"分析强调的是所谓"表面"（作为关系的关系/事件）及其切口（作为事件的关系/事件）的重新拼贴，以避免社会学与历史学分析的分裂。这里的一个焦点问题在于如何理解事件在历史社会学中的意义。比如，在美国较为主流的比较历史分析中，我们看到的是对资本主义发展、民族国家兴起等若干宏大议题展开的长时段分析，而诸如1750年资本主义开始从所谓A阶段到B阶段的发展（沃勒斯坦2011，15-45），1789年法国大革命引发的世界性影响（斯考切波1998），这些短时段的"大事件"是嵌入在长时段结构中的关键节点，它们作为"大事件"是按照结构性分析框架被事先挑选出来的，事件的细节和过程完全不重要（似乎可以放心地把这些枝节问题统统交给历史学家去处理），重要的是通过这些"大事件"的节点分析实现结构性分析的贯通。宏观比较历史分析所展示的理论雄心及分析视野无疑都是让人击节赞叹的。我的疑问在于这种分析是不是历史社会学唯一具有正当性的思路？有没有可能带着结构性的关怀却着力于小事件分析的历史社会学？我仅举三个有代表性的例子。

第一个典型例子来自马克思，它展示了经典时期的历史社会学视野。马克思以《资本论》为代表的众多著作无疑可以看作从宏观结构着手来分析社会与历史的作品。然而他的《路易·波拿巴的雾月十八日》却展示了分析的另一种可能性。路易·波拿巴1851年复辟帝制在当时的法国或欧洲是令人震惊的，但从历史的长时段来看，这不过是一个小事件，是大历史中的一个小插曲。比较历史分析一般不会去专门研究这等小事件。然而马克思在《路易·波拿巴的雾月十八日》中却极其细致地研究了这个事件。他的研究是严格按照时间序列来展开的过程叙事。在他笔下，无论是路易·波拿巴，还是尚加尔涅或卡芬雅克，抑或是赖德律-洛兰或巴罗，都不仅仅是某个阶级面目模糊的符号或例子，而是一个个活生生、有个性、有心机，其言行充满紧迫性和偶发性的人物。《路易·波拿巴的雾月十八日》开篇有句名言："人们自己创造自己的历史，但是他们并不是随心所欲地创造，并不是在他们自己选定的条件下创造，而是在直接碰到的、既定的、从过去承继下来的条件下创造。"（马克思2009，470-471）我们以前在解读时常常过于强调后半句，而忽略了前半句：人们创造自己的历史。类似波拿巴这样"蚂蚁变狮子"、尚加尔涅这样"有英雄而无功绩"、赖德律-洛兰这样"有热情而无真理"的戏法在政治舞台上不断地上演着。阶级斗争当然是具有最后决定性的力量，但由于行动者的复杂作用，历史显现出了多重的因果性。马克思的历史叙事与通常的法国史专家的历史叙事有着关键的不同。我把马克思看作将结构分析、局势分析与行动分析三者紧密结合在一起的"事件社会学"的开创者（应星2017）。值得注意的是，马克思所说的结构、局势和行动者从表面上看似年鉴学派代表人物布罗代尔后来所谓"历史三时段"——长时段、中时段和短时段的分析对象，但实际上，在马克思的分析中，结构、局势和行动者都折叠在同一时段的事件中。布罗代尔用结构淹没了事件的重要性，把事件仅仅当作结构的"泡沫"；而在马克思那里，既是结构和局势形塑了事件，同时又是事件再生产了结构和局势。结构、局势和行动者的同时着力，使事件波谲云诡，充满了种种悖论，社会学的一对基本概念——结构与行动之间的张力也就深隐其间。那些仅仅从结构眼光来解读历史的人常常不耐烦被马克思书中诸多的历史细节所缠绕，或者仅仅把那些当作马克思酣畅淋漓的修辞术的展现。然而，正是对这些历史事件及其悖论的细致解读，对这页灰暗的历史的耐心辨析，才是走向马克思所开创的事件社会学的通道，才是克服那种粗暴的线性的阶级决定论的关键。

第二个典型例子来自蒂利。蒂利是比较历史分析大军中的重要成员，不过其著作风格多变，不拘一格，本文仅分析他早年出版的博士论文《旺代之乱》（Tilly 1964）。该书虽是其早年著作，却不仅被史学家看作蒂利最好的著作，就连他的老师摩尔也持同样的看法（亨特 2007，281；斯奈德 2021，119）。法国西部旺代地区 1793 年的叛乱在蒂利后来更加关心的宏观社会变迁中只能算是一个转瞬即逝的小事件。然而，早年的蒂利却恰恰选择了这样一个事件作为他博士论文的选题。蒂利在此书中把他所关心的法国近代城市化问题嵌入在对法国旧安茹省南部两个地区——瓦索米尔（Val-Saumurois）和莫日（Mauges）对法国大革命截然相反的态度的根源比较中。前者经历的是彻底均衡的城市化，后者经历的是后发的、不完全的城市化。而城市化的不同进程又与社会结构的不同特点紧密结合在一起，对当地的政治走向产生了至关重要的影响。比如，莫日地区在大革命前的基本特点是：农业的非商业化、农民住宅的散落和孤立、通婚的区域性、土地耕种的被隔离性、不在村地主的广布性、纺织工业与传统农业的并存性以及纺织雇工工资的剧烈波动性。这些条件使莫日 1789 年法国大革命后在政治上虽然从直接统治转变为间接统治，却无法弥合由此带来的一系列深刻的社会分裂和矛盾。乡村牧师对革命宣誓的低支持度充分揭示了莫日乡村社会对新政府的政治仇视，而 1793 年的征兵不过是引爆这些社会矛盾的导火索而已。与此同时，莫日乡村的孤立性和分散性也使其反革命活动显得缺乏中心性和团结性。而瓦索米尔的社会结构几乎在各个方面都与莫日相反，从而导致其对革命的忠诚。蒂利将精细的历史叙事和个案对比与宏观的结构分析及中观的局势分析紧密结合在一起，这种风格与马克思把阶级分析和国家自主性问题嵌入在对波拿巴复辟过程的分析中有异曲同工之妙。如果说马克思的《路易·波拿巴的雾月十八日》开创了事件社会学分析范式，那么蒂利的这部著作就开创了微观比较历史分析范式。

第三个典型例子来自福柯。福柯展示了当代西方社会学中与美国主流学界风格迥异的历史社会学思路。在福柯对所谓"古典时期"振聋发聩的危机诊断中，其分析的入手点几乎都是被史学家和社会科学家共同无视的各种小事件：从中世纪结束时麻风病的消失到18世纪精神病院的诞生，从1757年达米尔在断头台的公开受刑到1840年梅特莱农场作为第一所真正的监狱的诞生，从1701年图扎尔被送入比凯特城堡到1707年米朗被送入夏朗德医院，从17世纪教士关于禁欲和道德禁忌的手册到19世纪《我的隐秘生活》的匿名出版（福柯2001a；2003a；2003b；2005）。福柯著述的最大魅力在于将尼采式的理论洞察力与谱系学风格的经验感受力完美地结合在一起，将他关于西方现代性、权力/知识、治理术等理论奠基在对若干关键历史事件的细节捕捉上。在他最重要的著作《规训与惩罚》一开篇，没有任何理论分析，仅仅直接采用了1757年达米安公开被处决的新闻报道与1837年巴黎少年犯监管所的作息时间表，前后两相对照，就已然传达出了惩罚体制巨大的风格变化。我称之为："不着一字，尽得风流。"当然，在《规训与惩罚》中并非只有叙事，叙事与分析是穿插进行的；它所涉及的也不只是一两个完整的事件过程分析，而是在监狱诞生过程中若干事件过程的分析。但值得注意的是，事件对福柯的理论分析来说绝不是零星的、信手拈来的例证，这些所谓"特殊性"的事件与他做的"一般性"分析是水乳交融的，紧贴在"关系/事件"的表面，而不是由表及里、由事入理的深浅关系。正如福柯自己所说的："效果史颠倒了通常在一个事件的爆发与连续性的必然性两者之间确立的关系。整个历史学（神学的或理性主义的）的传统都倾向于把独特事件化入一个理念的连续性之中，化入一个目的论运动或一个自然的链条中。然而,'效果'史是从事件最独特、最鲜明的地方使事件显现出来。因此,事件就不是一次决定、一项条约、一段统治,或一场战斗,而是相互对立的力量构成的一种关系,是被篡夺的权力,是以子之矛攻子之盾,是一种使自身脆弱、松懈,并毒化自身的支配,是一个戴着面具的'他者'的出现",效果史要"力求关注那伴随着每个开端的诸多细节和偶然事件","能够认出历史的诸多事件,它的震荡、它的意外、它并不踏实的胜利和难以吞咽的失败"(福柯 2001b,129;120)。正是福柯的一系列著述创造了谱系学的分析范式。

上文通过三个堪称经典的示例揭示了历史社会学以所谓"小事件"的过程分析和细节捕捉为中心展开叙事的另一种可能性。事件社会学、微观比较历史分析与谱系学分析,这三者尽管在方法论或哲学根基上并不完全一致,但它们都试图确立历史叙事本身以及揭示事件细节对历史社会学的重大意义。当然,时间性叙事有其固有的局限乃至危险,就如同结构性叙事同样有其固有的局限乃至危险一样。我并不是要在这里比高下、论长短,只是为厘清自己在历史社会学上的研究思路做些铺垫。

三

我最近十年从当代中国的抗争政治研究转向对中国共产党革命的历史社会学研究,从研究对象来说发生了明显的变化,但无论是在问题意识上,还是在研究方法上,都有其一贯性。

先来看问题意识。《大河移民上访的故事》一个主要的研究发现是:上访者与摆平者尽管在具体的利益格局上处在相互对峙的位置,但他们却共享着某种权力技术和政治文化。书中那个作为上访代表的"许老师"其实就是一个倒过来的"董专员"——假如他们互换位置，其博弈过程和结果并不会有太大差别。因此，我想追问的是：这种政治文化到底是从哪里来的？又是如何习得的？我在《大河移民上访的故事》之后出版了《村庄审判史中的道德与政治》（应星 2009），就是要尝试回答这个问题。后者的出版虽然比前者晚了八年，但搜集资料却是同时进行的，写作也是前后紧随的。"村庄审判史"可谓"大河移民的史前史"。但说实话，我对这本书并不满意，主要有两个原因。一个是分析视角过于局限在基层政治的具体运作上，缺乏对宏观政治的深入探究。另一个是将 1949 年作为村史的起点，而这并非中国共产党政治文化成形的起点。正是基于此，我后来将目光转向中国共产党早期党史尤其是苏区史。因为正是从苏区时期开始，中国共产党开始创造和掌握了红色军队，建立了革命根据地和红色政权，中国共产党以阶级斗争为中心的政治路线、以民主集中制为中心的组织路线以及以群众路线为特色的工作路线逐渐开始形成。尽管苏区时期多次受到"左"倾路线的干扰，各地苏维埃政权相继失败，但以毛泽东为代表的中国共产党新一代领袖的军事思想、政治思想、组织思想和群众思想正是在苏区时期奠定了最重要的基础。我对中国共产党革命的研究兴趣，最初就这样来自对大河移民问题的追根溯源。

再来看研究方法。《大河移民上访的故事》已经充分体现出"过程-事件分析"的风格[3]，强调将社会理论的分析锋芒完全隐身在复杂而细微的历史叙事之中，强调对田野概念的"发现"而非对理论概念的"发明"，强调对事件整个过程和关键细节的从容展开，强调通过对各种路径依赖的、兼具普遍性与偶变性的事件的还原来揭示韦伯（2013）所谓"适合的"因果机制，即在时间上异质性的、在层次上多重性的因果机制。我在研究中国

---

[3] 严格地讲，孙立平提出"过程-事件分析"所声称的理论灵感来源于布迪厄，而我所做的"关系/事件分析"更多受福柯的谱系学分析的影响。不过，本文在此不做细致的辨析。

共产党革命时，依然着力于将理论化于无形，深入第一手史料中去重新提问，依然着力于从革命历史文件里去"发现"概念，依然着力于对历史材料巨细无遗的搜集和对关键事件细节的探究和揭示。

不过，面对不同的研究对象，加上多年研究的积累和反思，我在研究策略上从以往的"过程-事件分析"发展为一种可称之为"追根溯源的事件社会学"的新策略。下文将揭示这种研究策略的基本特征。

首先，"追根溯源的事件社会学"是一种带着结构性问题关怀的事件史研究。在这个层面上的"追根溯源"体现为重新建立事件与总体史的关联，寻找和确定要研究的关键事件。我以革命研究为例。既有的中国共产党革命史已经确定了若干大事件，地方史研究不过是围绕这些大事件而展开的同心圆式的复写。对"追根溯源的事件社会学"来说，需要研究的是关键事件的来龙去脉，而究竟何为关键事件，这是首先需要研究的——它们既可能是众所周知的大事件，也可能是为人所忽略的小事件。我所要做的既不是结构性分析，也不是碎片化的地方史研究，而是具有总体史意义的事件史研究。我把具有这种性质的事件分为五种类型。第一种是所谓"渊源性事件"。要理解中国共产党的政治文化和政党治理传统，关键在于"察其渊源"，而后才能够"观其流变"。有些事件看起来是远源，但却具有原型的性质。比如，1927—1928 年在莫斯科发生的"江浙同乡会事件"就构成了刘少奇后来所批评的"无原则的党内斗争"的原型。第二种是所谓"转折性事件"。这类事件对既有的制度、结构或惯例提出了新的挑战，构成了历史的转折点。它既包括古田会议这样的正面转折点，也包括以负面教训影响了党团制度走向的"罗章龙事件"。对转折性事件的分析需要拓展历史视野，不仅仅聚焦事件本身，而是要在一个较长的时段里结合"局势"进行分析，同时要从社会结构的层面展示所谓的"事件路径"（休厄尔 2021，222-311；李里峰 2003）。第三类是所谓"调查性事件"。中国共产党早期存在着照搬苏联教条和埋头事务处理两种工作倾向。这其实是五四时期"主义与问题之争"在中国共产党党内的某种折射。而毛泽东开创了第三条道路，即通过深入的农村调查来调整、检验和完善既定的革命路线。进一步地说，毛泽东的农村调查既是中国共产党在革命实践中阐释乡村社会危机成因的重要工具，也是实现大众动员的权力技术，更是革命政党以马列主义普遍原则改造中国乡村社会的重要中介机制（孟庆延 2018）。因此，毛泽东对农村进行的若干调查就构成了重要的事件，比如他对江西寻乌县所做的详尽调查，我们既可以由此理解毛泽东的革命思想得以形成的重要源头，又可以由此分析地域社会的地权分化和社会经济关系。第四类是所谓"典型性事件"。在苏俄革命中，更重视理论性的宣传；而在中国革命中，更重视普及性的鼓动（参见列宁 2018）。因为农民是中国革命的主力军，他们的文化水平普遍很低，党要引导他们前进，仅用理论性的、一般性的号召是难以打动他们的，因为农民往往习惯从亲自看到的、体验到的事情上而不是从抽象的口号来理解问题，因此，党就必须在工作中通过树立典型来示范，利用事实来鼓动其情绪，增强其勇气，从而让农民在党的号召下积极行动起来。"树典型"就此成了中国共产党动员群众的一种基本方式。在中国共产党革命史中这类的"树典型"比比皆是，比如"南泥湾叙事"就是在延安大生产运动中诞生的典型。第五类是所谓"隐喻性事件"。事件的大小是相对而言的，史家对事件的赋义是因人而异的。表面平淡无奇的万历十五年或一个小小的"叫魂"案在别具慧眼的史家笔下，便可以从中窥见中国传统社会的基本结构及其症结。因此，我们不应囿于某种既定的大事件标签，而是"必须在出乎意料的地方，在我们通常往往认为没有历史的地方——在情感、爱、良知、本能中——守候这些事件；它必须对事件的重现保持敏感，但不是为了追踪事件演进的渐进曲线，而是重新找出事件扮演不同角色的不同场景；谱系学甚至还必须界定没有出现这些事件的地方，没有发生这些事件的时刻"（福柯 2001b，115）。也就是说，我们可以在所谓"根茎"状的"关系/事件"中为某些事件重新赋义。比如，人们可能疑惑我们为什么会如此细致地去研究江西万安暴动这样一个在中国共产党革命史上的小事件（应星、李夏 2014）。显然，我们的研究旨趣不是要去填补江西地方革命史的空白，也不是因为我们认为万安暴动的意义被低估了，因而要为万安暴动在中国革命史的重要性的排序上重新予以正名。万安暴动其实就是一个小事件，一个充满偶然性的小事件。它与我们所关心的中国共产党早期组织路线之间不是同心圆模式，也不是缩微模式，它并不具有社会统计学意义上的代表性。它的重要性在于它对于中国共产党早期组织路线来说具有象征意义；在于它对中国苏区革命史的大事件——诸如古田会议、富田事变等具有隐喻（metaphor）的意义。我们需要从一些看似与大事件无甚直接关联的远源去深入理解那些复杂的行动者和关系构型。这正如大河移民上访对中国政治和社会来说也是一个地方性的小事件，但事件之间那些复杂的、有时纯粹是偶然或随机的关系不是被线性的、单义的或结构的因果关系所排除，而是在那些偶然的"爆炸"和"入侵"中，在所谓的"隐喻"中被揭示出来（应星 2001，340）。

其次，"追根溯源的事件社会学"是通过微观比较分析来厘清事件的根源、流变与分叉。我赞同许多社会学家关于比较是结构性分析的要害所在的说法。"追根溯源"在这个层面上正体现为比较方法的广泛运用。不过，美国主流的比较历史分析大多落足在宏观社会结构的比较分析上，忽略了蒂利在《旺代之乱》中提出的微观比较分析。而我在对中国共产党革命的历史社会学研究中，强调的是在总体史问题关照下进行细致的微观史比较。比如，在万安暴动的研究中，我们把组织江西万安暴动的领袖曾天宇与另一领导人张世熙进行了全面的对照，从而揭示了中国共产党早期组织形态中存在的三重张力：职位关系与个人因素之间的张力；组织纪律的有效性与地方领袖的自主性之间的张力；革命组织与传统资源及地方利益之间的张力。又如，我通过对土地革命时期江西吉安地区两个革命根据地——东固根据地与延福根据地的组织形态的比较，分析了影响红色地方武装与根据地的组织形态差异的各种内外因素，并澄清了"外地干部"和"本地干部"在中国共产党早期历史中的内涵。再如，我对1930—1931年主力红军的整编过程进行了研究，提出主力红军的整编是在授权、理想、纪律、实力和人脉之间互动的结果。在这个研究中，我把中央苏区的红军与其他两个主要苏区的红军的整编形态进行了对比，由此发现中央苏区的红军整编受到朱毛红军的强烈辐射，毛泽东提出的"伴着发展"战略思想是产生这种辐射力的一个重要源头；鄂豫皖苏区的红军整编几乎同步地反映了中央的政策变迁；湘鄂西苏区的红军整编则体现出一定的自主性。中国共产党组织"集中领导、分散经营"的关系，在红军的整编实践中初见端倪（应星、李夏2014；应星2015；2018）。这种微观比较分析的运用与蒂利在《旺代之乱》中的比较是较为相似的（Tilly 1964）。

再次，"追根溯源的事件社会学"是与概念史结合在一起的事件史分析。一般来说，以还原事件真相为中心的事件史分析与以探究概念含义为中心的概念史分析是两种不同的分析传统。然而，将事件史分析与概念史分析截然分开，对这两种传统都是不利的。一方面，拿在概念史分析中最具代表性的德国学者克塞雷克来说，本来强调的是概念史"既追溯哪些经验和事实被提炼成相应概念，亦根究这些经验和事实是如何被理解的，概念史因此而在语言史和事物史之间斡旋"，概念史与社会史的关系是其史学方法论思考的中心点。然而，克塞雷克主编的《历史基本概念》终究还是被人诟病社会史缺失，并未真正融入"社会知识"（方维规 2020，149-159；38）。另一方面，实证史学传统下的事件史分析由于缺乏整体性的问题意识而屡屡被批评为"碎片化"。人们往往把概念史归于德国传统，而忽略了福柯的谱系学其实也是一种概念史。福柯这种谱系学式的概念史的特别之处，就在于突破了他自己早年把重心过多放在词语分析上的"知识考古学"，转而尝试把话语分析与非话语实践（即事件分析）结合起来。只有这种结合，才可能既剥离出复杂语境中的基本概念，又辨析出积淀于特定概念的重要事件。"追根溯源的事件社会学"在这个层面上的旨趣与谱系学是大体相通的。同样以我所做的革命研究为例。有学者已经注意到了，在中国共产党历史的概念谱系研究中，除了"阶级"、"革命"和"群众"这些基本概念外，一些"制度性概念"（如"民主集中制""群众路线"）和"本土性概念"（如"诉苦""翻身"）具有特别重要的意义（李里峰 2017）。概念史研究的路数一般是围绕这些概念的出现、演化、表述和疑义来展开的，也即以词语分析为中心。然而，这些概念本身的出现及语义演化往往与若干关键性的事件密不可分。比如，1930 年前后在白区爆发的"顺直省委事件"、"江苏省委事件"和在苏区爆发的"朱毛之争"、"刘（志丹）谢（子长）之争"，都是理解民主集中制的中国实践的重要节点。尽管中国共产党对民主集中制的概念界定集中体现在毛泽东、刘少奇等革命领袖的理论性著述中，然而，脱离了对这一类重要事件节点的深入研究，我们就无法透彻地理解那些理论阐释话语的真实含义。事实上，我最近十年来对中国共产党革命若干关键事件的诸多分析，都在指向对"民主集中制"这个制度性概念的理解。这就是"追根溯源的事件社会学"在这个层面上的"所指"。我最近把这种路数也称为"以史解经"（应星 2021），此不赘述。

又次，"追根溯源的事件社会学"是围绕文明和制度"担纲者"来展开的事件史分析。"担纲者"是韦伯在《比较宗教学导论》一文中提出来的概念，意指在打造世界诸宗教伦理中居于关键位置的、具有独特生活样式的特定社会阶层（韦伯 2004，463）。担纲者的精神气质和伦理人格是韦伯的比较文明研究中一个关键的环节。如果说中国传统儒家文明的担纲者是儒家士大夫的话，那么，儒家文明演化到晚清已经发生了地域化的分化，以江浙、湖湘和岭南为代表的几大地域文化群体对晚近的中国政治、思想和社会变迁产生了各不相同的重要影响。除此之外，对社会行动者产生影响的还有家庭出身、教育经历和社会经历等因素。因此，"追根溯源"在这个层面体现的是对现代中国文明及其社会制度形成中影响甚深的历史人物背后的地域色彩、家庭背景、学校生活和社会经历进行深入的研究。陈寅恪（2015a，182-235；2015b，71-74，242-265）对"关陇集团""山东豪杰"的研究以及对所谓"江陵素畏襄阳人"的解剖就是经典的例证。以中国共产党革命的历史社会学研究为例，"追根溯源"即是要在中国共产党革命史中辨析出具有总体史意义的社会行动者（他们既可能是领袖级的革命家、政治家和军事家，也可能是党内地位虽不显赫、但在某些关键的事件和制度中具体担纲的关键人物），既要理解这些共产主义革命者身上共同的人格特质的成因，更要研究他们作为某些特定群体类型的革命者独特的精神气质的渊源。比如，"富田事变"发生后，项英1931年1月到中央苏区就任苏区中央局书记，当时共产国际和中共中央对"富田事变"尚未有明确的指示，项英需要独立处理这样一个极其复杂的事件。实证史学的研究一般只是关注项英到任后做了什么事、说了什么话，这种处理方式的影响和后果如何，却从不曾追根溯源地追问项英为什么会以这种方式来处理事变。而我则是要对1931年1月前的项英做深入的研究，看他的地域和家庭出身如何，看他青少年时期的经历和性格是怎样的，看他在历次党内斗争中的经历和态度是怎样的，看当时的政治决策是如何变动的，甚至还要看他在去江西路经闽西时的所见所闻。只有经过这种生命传记式的研究，我们才能理解项英到底是哪一类型的革命者，他为什么会形成那样一种工作风格。这就是我所说的"追根溯源"在组织史和担纲者意义上的应用。孟庆延（2016；2017）对彭湃以及王观澜分别作为中国共产党土地革命的"农运派"和"算账派"的根源研究也是这种研究风格的体现。他在最新的研究中提出了建构"担纲者的类型学"的革命社会学研究新视野（孟庆延 2022）。

最后，"追根溯源的事件社会学"是纳入空间视角的事件史分析。"追根溯源"在这个层面上体现的是政治地理学和历史地理学的自觉意识。我们同样以革命研究来示例。毛泽东（1991，1005）有句名言："我们都是来自五湖四海，为了这一个革命的共同目标，走到一起来了。"人们一般只注意到后半句话，强调革命之"同"，却忽略了"五湖四海"的来源之异的实质含义。当我们说"马克思主义中国化"的时候，这个"中国化"并非单指一个笼统的中国，而是与中国内部既有的自然、经济、社会、文化和语言的区域划分相关。也就是说，马克思主义思想和"列宁式政党"在中国落地的时候，它势必要与不同的地理区域、地域化的思想形态、不同区域的社会经济传统发生碰撞、磨合。革命者来自的"五湖"（洞庭湖、鄱阳湖、太湖、巢湖、洪泽湖）与"四海"（东海、黄海、南海、渤海）之间的差别就势必具有重要的意义。因为只有这样，我们才会意识到：为什么中国共产党最早的共产主义小组来自北京、上海、广州、武汉、长沙和济南这六个地方而不是其他地方？为什么毛泽东创建的中央根据地落足在赣南、闽西，而不是在他的家乡、大革命时期农民运动的中心之一的湖南？为什么中国共产党军队的高级将帅大批出自湖南、湖北和四川而不是其他地区？为什么南方苏区根据地与客家区域有大量的叠合现象？为什么抗战时期八路军首先是在山西而不是其他地方得到了极大的发展？为什么大别山能成为1921—1949年唯一一个28年红旗不倒的地方？实际上，这些问题除了与当时当地的政治军事形势有关，也与特定的自然历史地理及区域文化、社会和经济传统有关（应星、荣思恒 2020；应星 2022）。甚至那些走上革命歧途的人也与其出身的区域存在着某种微妙的关联，比如，中国的无政府主义思潮在广东有较大影响，中国的"托派"分子较多来自江浙地区，这都并非偶然现象。当然，就如同阶级出身不能决定党性强弱一样，区域空间本身也无法决定革命的胜败或道路的正误。但是，我们在理解马克思主义中国化时，需要考虑区域空间这个因素在其中所起到的某些复杂作用。恰恰在这里，社会学的视野、人类学的训练以及地理学的方法可以帮助我们找到理解中国共产党革命道路和政党治理传统的一些重要而独特的入口。

四

"追根溯源的事件社会学"虽然是我在对中国共产党革命的历史社会学研究中提出来的，但是它与西方社会学界既有的事件社会学、微观比较历史分析与谱系学分析有着明显的承接关系，所以，它对广义的历史社会学乃至整个社会学领域可能也具有某些启发性。为此，我们需要对几个相关问题作进一步的澄清。

首先，"追根溯源的事件社会学"并不仅仅是社会学研究的一种方法或策略，更重要的是它强化了"事件"在社会学研究中的理论意义。这里涉及有关社会实在（social reality）的基本性质问题。孙立平（2000）在提出"过程-事件"分析时已简略讨论了将社会实在看作动态的、流动的假设。他所谓"社会实在"的动态观，主要还是针对具有涂尔干色彩的社会实在观。我们可以在此基础上再作推进。如果从韦伯（2013，33）的角度来看，"在任何情况下只是个别实在的一部分使我们有兴趣和对我们有意义，因为只有它才处于与文化价值观念的关联之中，而这种关联正是我们接近实在的途径"。也就是说，韦伯认为一般地研究社会实在是没有意义的，重要的是要去研究具有文化意义的社会实在。而对"文化实在"的认识要害则在于对"文化事件"的辨识和揭示："一切关于文化实在的认识始终是依据于一种特别独特的观点的认识。当我们要求历史学家和社会研究者具有的基本的先决条件是他们能够把无关紧要的东西与重要的东西区别开来，而且具有为这种区别所必需的'观点'时，这仅仅是说，他们必须懂得，把实在的事件——有意识地或无意识地——与普遍的'文化价值'联系起来，然后抽出对我们有意义的联系"（韦伯2013，36）。"追根溯源的事件社会学"所强调的带着结构性的问题关怀进入事件史研究，所强调的对五种不同类型的关键事件的辨析，所强调的把关键事件放在"经学"高度的"以史解经"路径，所强调的从文明和制度"担纲者"的角度来研究特定社会阶层或身份群体，体现的正是韦伯的这种文化实在观和文化事件观。"事件"在这个意义上并非外在于"结构"的零散例证，"追根溯源的事件社会学"所要研究的那些"事件"就是"结构"本身。德勒兹把福柯的思想精髓归结为对"dispositif"的分析，"dispositif"一般被译为"社会机制"，但更恰切的译法是"配置"。"配置"是什么？"它是一个交织缠绕、线索复杂的组合体。它由线构成，每条线特性各异。"这些线包括了"可见性之线、发音线、力线、主体化之线、分离线、劈开线、断裂线"（德勒兹2001，197-200）。对我来说德勒兹所说的"线"其实并不玄奥，指的就是具有文化价值或"经学"意义的事件以及具有担纲者分量的社会行动者的行动。这也正是本文所理解的"事件"作为社会学研究范式的正当性所在。

其次，当"追根溯源的事件社会学"与"微观比较历史分析"或"微观研究"联系起来的时候，非常容易产生一种误解，需要加以澄清。通常用"微观"一词是与"宏观"相对而言的。比如相对传统史学而言，微观史学强调的是对日常生活、社区、家庭和普通人的研究（参见勒华拉杜里2007；金茨堡2021）。"追根溯源的事件社会学"虽然并不拒绝微观史学这样的研究主题，但是反对将微观研究与宏观视野隔绝开来。尤其对中国的历史社会学来说，尚处在刚开始起步的阶段，如果直接抛开对政治、制度、重要事件和关键人物的研究，一头扎进吃穿住行、家长里短的日常生活史或文化研究，那就注定会陷入碎片化的格局。就像中国共产党革命史的微观研究一样，当我们完全埋首于一个个革命根据地所在的山头的研究时，往往可能遗失了对中国共产党革命的整体理解（参见应星 2016）。"追根溯源的事件社会学"并不专门致力于对小事件、小人物和日常生活的研究，相反地，它将制度史作为事件史的分析前提，将政治史和组织史作为理解社会结构的基本骨架，将具有文明和制度担纲者意义的社会行动者作为分析的重要入手点。有些事件和人物看似小事件和小人物，实际上在偶然性的际遇中却起到了重要甚至关键的历史作用；另一些事件和人物虽确为小事件和小人物，但只有将其与宏观历史进程深刻地关联起来，才能恰切地理解他们的历史位置；而我们所要关注的也并不是被浓雾笼罩的日常生活世界本身，而是这个世界被普遍历史所侵犯、所触动的时刻。

最后，"追根溯源的事件社会学"与福柯的谱系学之间的张力也需要予以澄清。福柯（2001b，115-126）在《尼采·谱系学·历史学》中特别强调了谱系学拒绝寻求事物的"起源"（ursprung）。这初看起来似乎与"追根溯源的事件社会学"的旨趣恰好相反。然而，只要细读文本，就可以看到：福柯虽然批判了对"起源"的研究，却提出了分析"出身"（herkunft）和"出现"（entstehung）的意义。所谓"起源"是指"事物的确切本质、事物最纯粹的可能性以及精心加诸事物之上的同一性，以及先于所有外在的、偶然的和继替的东西的不变形式"。所谓"出身"是指"微妙的、独特的和个体之下的标记"，它"并不位于我们所知和我们所是的根源，而是位于诸多偶然事件的外部"。所谓"出现"是"诸多力量登场的入口，出现就是这些力量的爆发"。也就是说，福柯反对的并不是对事件的追根溯源本身，而是质问到底该如何来分析这种渊源和流变：是把它当作线性的、本源决定性的、同一性的，还是当作充满斗争性、偶然性、异质性的？"追根溯源的事件社会学"的旨趣与福柯对"出身"和"出现"的分析旨趣是相通的：谱系学"将永远不会去追寻'起源'，将永远不会把历史的种种插曲当成不可理解的东西忽略掉。相反，它紧盯着伴随着每个开端的细枝末节和偶发事件；它将一丝不苟地注意它们的小奸小恶；它将等待着它们的出现——有朝一日露出真正面目——以他者的面目出现"（福柯2001b，119-120）。不过，在受到福柯思想多年的熏陶和感染之后，我现在所倡导的"追根溯源的事件社会学"还是已经与福柯的谱系学之间保持了一种必要的张力。这是因为福柯对偶然、分解、权力/知识这些东西着力过猛，把相对的东西绝对化了。他自己的说法是，"'效果'史与传统历史的不同之处就在于它没有常项"（福柯2001b，128）。如果历史没有任何常项，历史的任何整体性和结构性也就无从谈起了。虽然我并不把福柯本人视为所谓"后现代主义者"，然而，必须承认，他的思想对后现代主义产生了非常重要的影响。而"追根溯源的事件社会学"是从根本上拒斥后现代的，它坚持致力于理解社会结构和制度的某种整体性。

五

在中国历史社会学的发展中，结构性叙事与时间性叙事各有长短，各有发展的空间，不必急着正名，最重要的是先按照各自的思路做起来。当前虽然有一种"历史社会学热"，但如果只有趋势勾勒和方法争辩，而没有扎实的研究尤其是厚重的专著面世，那么这种热潮就只是一种虚热和口水战，既不可能持久，也留不下真正的学术成果。这两种思路即使现在还做不到和衷共济或取长补短，但也应该在"各美其美"的基础上慢慢找到通向"美美与共"的道路。当初孙立平和张静围绕"过程-事件分析"所展开的争论就是一个良好的示范。

"追根溯源的事件社会学"的研究风格从表面上看与实证史学比较相似，因为它强调从细节着手，紧紧扣住时间、空间、事件、人物和话语来展开叙事，然而，它选择的研究对象往往是别具一格的，它提问的方式常常是追根溯源的，它与完全从史料出发、旨在探求历史真相的实证史学有着诸多的差异。而反过来看，这种研究风格表面上与结构性分析、总体性分析、长时段分析和机制性分析相隔甚远，然而，它在"耐心的、细致的、灰暗的文献工作"中却贯穿着一种结构性关怀，它是把结构性关怀压缩到、加载到关键的事件史分析中的。

无论是结构性取向的历史社会学，还是本文所倡导的"追根溯源的事件社会学"，在其研究旨趣上都有别于实证史学。然而，我并不赞同固守社会学与历史学的界限，反复纠结于两者的差别，唯恐社会学被历史学侵蚀了地盘。这其实是学科不自信的表现。格兰诺维特所开创的"新经济社会学"给我们提供的一个启示是："新经济社会学"不是要去研究经济学所不研究的东西，而是要用社会学独特的问题意识及方法直接进入经济学研究的核心领域——企业和市场（参见斯威德伯格 2003）。时间性叙事的确是历史学的根基。我们不是要回避这个东西，而恰恰是要用社会学独特的问题意识和眼光写出属于社会学风格的事件史。当然，要真正做到这一点，就需要我们不避异常艰苦的历史文献工作。社会学与历史学分家已久，要一个长期浸润在社会学思维中的学者转而面对浩如烟海的史料，的确有望洋兴叹、无从下手之感，甚至会怀疑自己是在弃长就短。但是，若要在"追根溯源的事件社会学"取得创造性成就，就必须有胆量挑战自己，有勇气突破学科界限，有耐心埋首于谱系学意义上的文献工作。既然选择了这样的方向，就必须担当这样的艰巨。韦伯曾经赋予"命运"这个概念在他的社会学思想中的特殊意味（参见 Turner 1981）。我想，以时间性见长的历史社会学也堪称"命运社会学"吧！

【参考文献】

[法]费尔南·布罗代尔著，刘北成等译，2008，《论历史》，北京：北京大学出版社。

陈寅恪著，2015a，《隋唐制度渊源略论稿·唐代政治史述论稿》，北京：生活·读书·新知三联书店。

——，2015b，《金明馆丛稿初编》，北京：生活·读书·新知三联书店。

[法]吉尔·德勒兹，2001，《什么是"dispositif？"》，汪民安译，汪民安等编《福柯的面孔》，北京：文化艺术出版社。

邓正来、亚历山大著，2002，《国家与市民社会：一种社会理论的研究路径》，北京：中央编译出版社。

方维规著，2020，《什么是概念史》，北京：生活·读书·新知三联书店。

[法]米歇尔·福柯，李猛译，2001a，《无名者的生活》，《国外社会学》第4期。

——，苏力译，2001b，《尼采·谱系学·历史》，载汪民安、陈永国编《尼采的幽灵》，北京：社会科学文献出版社。

——，刘北成等译，2003a，《规训与惩罚》，北京：生活·读书·新知三联书店。

——，刘北成等译，2003b，《疯癫与文明》，北京：生活·读书·新知三联书店。

——，佘碧平译，2005，《性经验史（增订版）》，上海：上海人民出版社。

[美]林·亨特，封积文等译，2007，《查尔斯·蒂利的集体行动理论》，载斯考切波编《历史社会学的视野与方法》，上海：上海人民出版社。

黄仁宇著，1982，《万历十五年》，北京：中华书局。

[意]卡洛·金茨堡著，鲁伊译，2021，《奶酪与蛆虫：一个16世纪磨坊主的宇宙》，桂林：广西师范大学出版社。

[美]孔飞力著，陈兼等译，1999，《叫魂：1768年中国妖术大恐慌》，上海：上海三联书店。

[法]埃马纽埃尔·勒华拉杜里著，许明龙、马胜利译，2007，《蒙塔尤：1294—1324年奥克西坦尼

的一个山村》，北京：商务印书馆。

李里峰，2003，《从"事件史"到"事件路径"的历史》，《历史研究》第4期。

——，2017，《中共党史研究的概念谱系刍议》，《中共党史研究》第11期。

李猛，1996，《日常生活中的权力技术：迈向一种关系/事件的社会学分析》，北京大学社会学系硕士论文。

——，1998，《如何触及社会的实践生活？》，载张静编《国家与社会》，杭州：浙江人民出版社。

[俄]弗拉基米尔·列宁著，2018，《怎么办？》，中央编译局译，北京：人民出版社。

[德]卡尔·马克思著，2009，《路易·波拿巴的雾月十八日》，中央编译局编《马克思恩格斯文集》第二卷，北京：人民出版社。

毛泽东，1991，《为人民服务》，《毛泽东选集》第3卷，北京：人民出版社。

孟庆延，2016，《"读活的书"与"算死的账"：论共产党土地革命中的"算账派"》，《社会》第4期。

——，2017，《"深耕者"与"鼓动家"：论共产党早期乡村革命中的"农运派"》，《社会》第3期。

——，2018，《理念、策略与实践：毛泽东早期农村调查的历史社会学考察》，《社会学研究》第4期。

——，2022，《担纲者的"类型学"：中国革命研究的新视野》，《学海》第2期。

[美]西达·斯科克波著，刘北成译，1998，《国家与社会革命》，台北：桂冠图书公司。

[美]理查德·斯奈德，汪卫华译，2021，《批判精神与比较历史分析——巴林顿·摩尔访谈录》，载芒克、斯奈德编《激情、技艺与方法》，北京：当代世界出版社。

[瑞典]理查德·斯威德伯格著，安佳译，2003，《经济学与社会学——研究范围的重新界定：与经济学家和社会学家的对话》，北京：商务印书馆。

孙立平，2000，《"过程-事件分析"与当代中国国家-农民关系的实践形态》，《清华社会学评论》特辑，厦门：鹭江出版社。

——，2002，《实践社会学与市场转型过程分析》，《中国社会科学》第5期。

[德]马克斯·韦伯著，康乐等译，2004，《中国宗教·宗教与世界》，桂林：广西师范大学出版社。

——，韩水法等译，2013，《社会科学方法论》，北京：商务印书馆。

[美]伊曼纽尔·沃勒斯坦著，郭方等译，2013，《现代世界体系》第二卷，北京：社会科学文献出版社。

项飙，1998，《流动、传统网络市场化与"非国家空间"》，载张静编《国家与社会》，杭州：浙江人民出版社。

——，2000，《跨越边界的社区：北京"浙江村"的生活史》，北京：生活·读书·新知三联书店。

谢立中编，2010，《结构-制度分析，还是过程-事件分析？》，北京：社会科学文献出版社。

[美]小威廉·休厄尔著，朱联璧等译，2021，《历史的逻辑：社会理论与社会转型（修订译本）》，上海：上海人民出版社。

应星著，2001，《大河移民上访的故事》，北京：生活·读书·新知三联书店。

——，2009，《村庄审判史中的道德与政治》，北京：知识产权出版社。

——，2015，《苏区地方干部、红色武装与组织形态——东固根据地与延福根据地的对比研究》，《开放时代》第6期。

——，2016，《"把革命带回来"：社会学新视野的拓展》，《社会》第4期。

——，2017，《事件社会学脉络下的阶级政治与国家自主性——马克思〈路易·波拿巴的雾月十八日〉新释》，《社会学研究》第2期。

——，2018，《1930—1931年主力红军整编的源起、规划与实践》，《近代史研究》第2期。

——，2021，《"以史解经"与中国共产主义文明研究的整全性路径》，《开放时代》第4期。

——，2022，《主力红军在"五湖四海"的崛起——再论中共革命的地理学视角》，《中共党史研究》第4期。

应星、李夏，2014，《中共早期地方领袖、组织形态与乡村社会——以曾天宇及其领导江西万安暴动为中心》，《社会》第5期。

应星、荣思恒，2020，《中共革命及其组织的地理学视角》，《中共党史研究》第3期。

张静编，1998，《国家与社会》，杭州：浙江人民出版社。

张静著，2000，《基层政权：乡村制度诸问题》，杭州：浙江人民出版社。

——，2018，《案例分析的目标：从故事到知识》，《中国社会科学》第8期。

——，2019，《基层政权：乡村制度诸问题》（修订版），北京：社会科学文献出版社。

赵鼎新著，2006，《社会与政治运动讲义》，北京：社会科学文献出版社。

——，2019，《时间、时间性与智慧：历史社会学的真谛》，《社会学评论》第1期。

——，2020，《论机制解释在社会学中的地位及其局限》，《社会学研究》第2期。

Ceglowski, Deborah.1997."That's a Good Story, But Is It Really Research?" *Qualitative Inquiry* (3):188–201

Kalberg, Stephen. 1994. *Max Weber's Comparative-historical Sociology*. Cambridge: Polity Press.

Oi, Jean C. 1989. *State and Peasant in Contemporary China*. Berkeley: University of California Press.

Skocpol, Theda and Margaret Somers. 1980. "The Use of Comparative History in Macrosocial Inquiry." *Comparative Studies in Society and History*. 22(2):174–197.

Tilly, Charles.1964. *The Vendee*. New York: Cambridge University Press.

Turner, Bryan S. 1981. *For Weber: Essays on the Sociology of Fate*. Boston: Routledge and Kegan Paul.

时间危机与社会科学的实验

郦 菁[①]

【摘要】 本文通过对本雅明、阿伦特和阿赫托戈的回顾，试图说明现代性以来的时间危机，是如何从一种欧洲的危机，演变为以"当下主义"面目展现的全球危机的。社会科学作为言说与剖析现代性的学术工程之一，在每一次时间危机中都是提出应对方法、实验新时间意识的重要场域。在当下危机中，欧洲知识界拥抱了记忆与遗产研究，而美国的社会学界通过历史社会学重新引入丧失的历史视野。尽管美国社会学界经历了从20世纪80年代的"实验性时间性"，到20世纪90年代所谓历史社会学"第三波"运动以及对事件、历史或然性和能动性的广泛关注，却仍没能超越"当下主义"的基本逻辑，也没有出现重大的理论突破。至若中国社会科学的本土历史复兴运动，其实质有可能是保守的，即试图通过某种怀旧来建构未来愿景——这种方案也会面临一系列的悖论。重建历史、当下与未来之间的关系，也许才是我们时代最根本的知识与政治任务。

[①] 郦菁，浙江大学社会学系副教授（百人计划研究员），纽约州立大学奥尔巴尼分校（SUNY-Albany）社会学系博士，主要研究领域为历史社会学、职业与知识社会学。本文吸收了赵鼎新教授提供的宝贵意见，特此感谢。

一、时间危机：从本雅明、阿伦特到当下主义

在某种程度上，现代性的本质是一种特殊的历史意识，也是一种特定的时间结构。1940 年，瓦尔特·本雅明逃离法国境内的集中营，颠沛流离、茫然无措，后又试图和一小群流亡者翻越比利牛斯山，但被西班牙边境守卫遣回。当晚，他服用过量吗啡自杀身亡。在这之前，他设法把一篇题为《历史哲学论纲》的文章寄给了阿伦特。这篇文章最终在 1942 年由阿多诺主持发行了单行本，后收入阿伦特所编之本雅明文集《启迪》。在其中最知名的第九章中，本雅明借用了保罗·克利（Paul Klee）的画作《新天使》（*Angelus Novus*）来描摹一种历史的困境。他如此写道：

"（此画）描绘了一个天使，仿佛正要离开他目不转睛注视的东西。他的双眼圆睁，嘴巴大张，翅膀伸展。历史的天使肯定就是这样的。他的脸朝向过去。我们看到的是一连串事件，他看到的却是一场灾难：碎石瓦砾不断堆积，并被抛至他的足前。他特别希望徘徊停留（意指歌德的《浮士德》），唤醒死者，修复被砸碎的东西。但一阵风暴从天堂而来，正好刮在他的翅膀上，使得他无法收起翅膀。这场风暴无可抗拒地把他吹向未来，而他正背对着未来，足前那乱石堆却高可及天。这场风暴，也正是我们所说的进步。"（Benjamin 2007，253-264）

这一暴虐而狂乱的场景，使得一种抽象的历史困境获得了可见的形态。一切对未来的美好期待构成了从未降临的"天堂"，从那里却吹来了狂虐的进步之风，把过去以及不断流逝的当下打碎，将它们变为一堆毫无价值的废墟。而唯有进步本身，或者说未来的完善，才是不可抗拒、不可抵挡的唯一历史动力。如果再用法国历史学家阿赫托戈的话来说，就是"有关完

[瑞士]保罗·克利《新天使》(1920)

善的理想被时间化了,有关未来和进步的理念以及它们所代表的开放性,逐渐并不断地与具象为一个终点的承诺分离。完善本身完全让步于可完善性和进步,不光是过去——这被认为已经过时了,而且当下也在未来之名下变得毫无价值。当下什么都不是,不过是那个若非光辉灿烂也至少是更好的明天的前夜,可以并且应该被牺牲掉"(Hartog 2015,13)。

本雅明的文本隐含着一个重要的论点,即现代性核心理念之一的进步主义,首先是一种特殊的时间意识,或者说是过去、当下与未来三者之间某种特定的联系方式。那个不由自主的天使,首先是历史的天使,而它的矛盾与两难，首先是一种时间的危机。19世纪以来，欧洲政治与科学的变革催生了各种版本的历史主义（包括历史唯物主义），并创造了不同名目的普遍性历史观。然而历史哲学家们在19世纪末迎来了他们黄金时代的终结。随后在第二次世界大战期间，对现代性和西方文明的反思成为替代性的潮流，其中最重要的思想动向包括对知识客观性的反思，对理性的深刻怀疑，美学转向以及对历史时刻的多元性、特异性与偶然性的激进拥抱，等等（Rose 1994）。从韦伯和弗洛伊德的"美学现代主义"（Hughes 1974），斯宾格勒的《西方的没落》（2001），一直到本雅明所追捧的克拉格斯（Ludwig Klages）和施密特，都是这一时期的产物，这股潮流也形塑了从左翼到右翼、从前卫艺术到法西斯主义的广泛思想群体。

然而，这场危机并没有随着"二战"的结束而终止，部分革命性的时间实验反而在战后消失了。1958年，本雅明的朋友阿伦特写作了《过去与未来之间》一书，指出在无尽的进步与无尽的未来破产之后，过去与未来之间所涌现的"裂隙"。她引用了卡夫卡的一个寓言来指涉新时代的时间体验和人的潜在思想过程：

"他有两个对手：第一个从后面，从源头驱迫他；第二个挡住了他前面的道路。他跟这两个敌人交战。准确地说，第一个对手支持他和第二个厮打，因为他想把他往前推，同时第二个对手又支持他和第一个厮打，因为他要把他往后赶。但这不过是理论上如此，因为不仅仅有两个敌人在那儿，他也在那儿，有谁真正知道他的意图？其实他的梦想是在一个出其不意的时刻——这就需要一个比曾经有过的任何黑夜更黑的夜晚——跳出战场，凭着他在战斗中的经验上升到一个裁判的位置，旁观他的两个敌人彼此交战。"（阿伦特 2011，5）

如果说本雅明和其他的现象学家从历史中重新发掘了"此时此刻"，那么阿伦特想借用卡夫卡所说的处于过去与未来之间"裂隙"中的那个人，似乎要面临比本雅明的"历史天使"更为复杂的局面。一方面,过去已经无法为未来提供启迪,那个可怕的裂隙原本可以通过调用"传统"弭平,但现代性的加速发展使得过去和传统退却得越来越快,而萨林斯所说的那种用过去解释未来、现代和未来不过是过去历史模式重新展开的"英雄的历史性",或言"国王的时间",也几乎消失殆尽了(Sahlins 1985);另一方面,未来的暴政和霸权也遭到了前所未有的批判,历史主义几乎被本雅明等人宣判了死刑。因此,那个人必须和"两个对手"——过去和未来——交战,并成为裁判。

阿伦特认为这个人所立足的"裂隙"不是通常所理解的"当下","毋宁说是一个时间中的裂隙,'他'持续地战斗,'他'片刻不停地阻挡过去和未来停驻,才使得这个裂隙得以维持"(阿伦特 2011,8)。因此,这种裂隙更多是精神性的,是一种短暂的思想空间,而非客观的历史时刻。但这又是时间和历史的核心,每一个个体、每一辈人都必须重新面对无尽的过去与无尽的未来的问题,并做出自己的裁决。当然,个体也完全可能"'筋疲力尽',在恒常战斗的压力下虚脱,遗忘最初的意图,只记得这个时间裂隙的存在,而自己必须捍卫它,虽然它看起来更像是战场,而非家园"(阿伦特 2011,10)。这种战争的状态在阿伦特看来是现代心灵的基本困境。阿伦特的这本书就是试图为身处过去与未来冲突洪流中的个体提供战斗经验和思想操练的。

如果说本雅明批判并拒绝了虚幻而暴虐的未来,那么他实际上(至少在欧洲)破坏了自 19 世纪以来时间性的基石,也打碎了文化-社会生活的基本前提。这就是"二战"之后的阿伦特在写作时面临的历史情境。既然"历史天使"已死,具体的人必须在个体的基础上栖身于过去与未来之间的裂隙,进行一场恒常的战斗。但不管怎样,在这场战斗中,作为个体的人,是既有无尽的焦虑,也有和解的希望的。这种时间体验与战后的基本政治经济局面及思想动向也是相关的。一方面，进步主义并没有完全退出舞台，而是借由国家对经济管理的普遍增强、冷战格局下西方发展观在广大第三世界国家的推广等新的契机重新复活——换言之，进步主义的时间结构依靠一种空间结构得以维系，即把西方的当下变成地理空间中他者的未来（Osborne 2011，15-20）；另一方面，所谓的"当下主义"（presentism）正在形成。20世纪70年代之后，经济快速增长时期的终结、持续的经济"滞胀"、失业率的高企以及技术层面的发展，使得这种新的时间性不断扩张。最终，"当下主义"借由后现代主义思潮对现代性（包括其时间性）的拒绝和批判逐渐获得霸权，取代了进步主义。在这种新的时间体验和历史观念中，阿伦特所停驻的那个精神性的"裂隙"被实在化为现实的"当下"；而每一个当下不再会以未来之名被牺牲，亦不是通往某种永恒性的跳板或过渡；相反，当下不仅侵蚀并最终代替了未来——当下不断膨胀，当下成为庆祝的对象。相应地，过去、当下（现在）与未来之间的关系也发生了重大的变化。一方面，未来在某种程度上被关闭了：既然进步主义与历史主义的宏大期许已被放弃，那么每一刻的当下价值才是值得追求的，以替代对于超越性价值的想象与追逐。并且，只要技术进步带来的变革速度足够快，那么当下在某种程度上就可以被"未来化"，当下自身可以获得曾经只属于未来的永恒性。另一方面，卡夫卡与阿伦特笔下那个为过去与未来之斗争所苦的个体，现在亦可以放弃不息的战斗了，只要寓居在每一个当下即可。也正因为当下时刻处于流动不居的恒常变化中，对于历史和经验的主观体验现在反而成为唯一确定的东西。寓居在当下的个体现在成为唯一重要的主体，它不再与来自过去和未来的压力激烈战斗，而是可以根据每一时刻的需要来重新组织和建构围绕在其周围的过去和未来。阿赫托戈称之为一种有关时间的"褊狭主义"（provincialism of time）（Hartog 2015，101-148）。

这种当下主义迅速成为20世纪80年代以来西方社会主要表征的起源之一。在文化和政治范式上，处于当下的个体最终成为时间的主观裁判者，"超级个人主义"（hyper-individualism）取代了个人主义，身份政治也取代了公民政治。尤其是在美国，20世纪六七十年代民权运动的成功、"罗斯福体制"的最终衰落等因素使得自由左翼将身份政治作为主要的政治话语与组织基础，寻找并维护某种狭隘而排他的自我身份取代了对某种集体政治愿景的求索。这无非是增强了以个人主义为道德基础的新自由主义政治，在麦克·里拉看来是一种"假政治"，其本质是"反政治"的，和"里根主义"并无区别（Lilla 2018，60-95）。在经济层面，把每一个当下的价值提取出来并即时变现成为主导的原则，这一点在20世纪80年代之后美国经济的普遍金融化中得到了绝佳的体现（欧洲更晚一些）。在股东革命之后，公司股价成为衡量绩效的最终标准，美国的企业管理阶层不再努力建立一

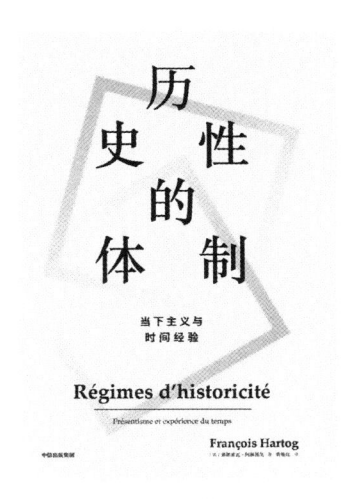

历史性的体制
[法] 弗朗索瓦·阿赫托戈 著
黄艳红 译
中信出版集团（2020）

个具有长期经济价值、可持续发展、有社会影响的公司，而是致力于抽象出一个可以在股票市场上转手变现或是至少能使其保持有利的市场地位的"概念"（何柔宛 2018）。而消费主义对商品即时价值的追求以及对其可即时抛弃属性的需求，也是这种经济-时间精神的另一面（Hartog 2015，113）。

在这种时间性中，所有人都成为当下的囚徒，所有政治性实践和思想性的发问，都无一例外地从当下开始，又以当下为终结。阿赫托戈在 2003 年写作《历史性的体制》一书时指出，到了我们的 21 世纪，当下主义似乎无法弥合有关历史的"经验"和有关未来的"期望"之间的差距（Koselleck 2004），此间产生的种种矛盾和无措，似乎已把当下主义所有能量耗尽，使其难以保持当下的霸权地位，亦无法再维持这一时间性中过去、当下与未来之间显而易见的关系。这正是阿赫托戈所谓的"时间危机"（crisis of time）（Hartog 2015，16-18）。显然，在西方社会经济发展、政治平顺和阶级关系相对缓和的时期，特定的时间范式往往被当作一种默会知识，很少成为公共讨论的焦点。而当社会秩序巨变，既有政治安排崩坏的情况下，对于危机的感知和重新关注，往往首先是从对时间危机的体察开始的——这是政治和经济层面危机的前提。

由此可见，从本雅明到阿伦特的写作时期，西方正经历了这样的时间危机。此后，为了应对危机，新的时间性得以发展和制度化，为社会-文化生活提供了新基础。而目前的西方世界（某种程度也包括中国）似乎还都处于这一波时间危机之中，其矛盾和困厄还在进一步展开。这是现代性以来最重要的两次危机。其中，社会科学作为言说与剖析现代性的学术工程之一，在每一次时间危机中都是提出应对方法、实验新时间意识的重要场域。那么，在每一次危机中，西方社会的试验性方案大概呈现何种面貌？内部有何种多元性？实验的主体又是何种知识生产者，有哪些代表性的方案，陷入了何种困境？作为现代化后发者代表的中国，提出了何种方案，出现了何种非意料结果？在当下主义的危机中，我们到底需要何种新时间方案，需要何种时间的政治？这正是本文接下来的核心议题。对于这一宏大的议题，笔者更多只能从自身所在的学科出发提供部分思考，难免挂一漏万，也无法提供确定的答案。

二、社会科学的应对实验之一：欧洲的"主观意识"与"美国例外论"

如果说本雅明和阿伦特对于时间性的反思更多停留在哲学的进路，那么更直接处理人类历史问题的两种进路则是历史学和社会科学。两者本质上都是有关人类社会历史经验的某种再现与重述，并以统合历史的特定方式和意识为基础。自18世纪西方现代社会被发现和建构以来，历史学和社会科学作为现代性的思想产物，更像是一对拥有共同起源的孪生兄弟。进步主义-历史主义恰是其共同的源头，而两者对于历史主义的不同发展和继承又导致了两者的内在张力（Ross 1994，3-21）。[②]

此后，历史学与社会科学的时间前提及其研究者的身份认同都逐渐分离，虽然两者之间并非毫无沟通和借鉴。与历史学相比，社会科学从19世纪中后期开始更为普及，影响也更大。其核心的研究问题乃是检验现代社会"未来"的命运，以作为进步的重要媒介。社会科学正是工业资本主义及现代性秩序扩展的知识产物，并在当下的资本主义体制中仍然发挥着重要的功能，尤其致力于阐释并推动资本主义和霸权国家的政治经济方案对

[②] 所谓的"社会科学"，在当代中国主要包括经济学、管理学、政治学、社会学、公共管理、法学等等，与西方19世纪的意涵不尽相同，且要与人文学科相区别。比如法学在19世纪西方可能不属于社会科学，而当时所谓的政治经济学（political economy）也与今天理解的经济学不同。而人类学长期介于社会科学和人文学科之间，但在当代中国属于社会学二级学科，被官方归入社会科学。

全球其他社会的持续重构。在此过程中，社会科学会把某些知识形式边缘化甚至排斥在外，而把另一些知识形式放置在学科中心。时间性问题对于社会科学的重要性在于，它是特定知识形式的前提：它决定了社会科学从哪一种价值出发——是某种过去的价值，是当下重构的过去的价值，还是当下的个体主观价值，抑或永远处于未来、永远未曾到来的永恒期待。易言之，这在根本上是一个政治问题。除此之外，从19世纪末开始，社会科学要构建新的实验方案，也必然要在两个重要的学术维度中做出选择：其一是在历史学与社会科学之间的分野所构造的学术空间中选择合适的位置，从而必须与两者展开一场语义复杂的对话；其二是如何继承和重构国别性的文化与政治脉络。

以欧洲大陆国家为例，最具原创性的实验主要由1890年之后法国、德国（奥地利也属于同一知识传统）和一部分意大利的所谓"世纪末一代"（fin de siècle）学者所推动，比如韦伯、弗洛伊德、克罗齐等等。他们实现了从哲学和历史到社会科学的重要转折。与后文述及的美国社会科学的发展路径不尽相同的是，他们和历史学有着更深的纠缠（比如克罗齐本身就是历史学家），也分享了历史学对于历史主义危机的深刻忧虑以及对于历史独特性的尊重（Ross 1994，1-25；Hughes 2002，3-66）。18世纪以来，历史主义把理性和道德价值建筑在"客观历史"发展的基础之上，但这个基础很快被证明是不牢靠的，社会科学观察者的主观性问题亦成为争议的焦点。而历史学在运用和阐释历史主义的过程中，不可避免会进入对于历史的具体关注，一个危险后果就是，抽象的历史法则与进步的愿景在具体而多元的史实面前可能面临崩溃，历史的不确定性会占据上风。人类历史真的有目的吗？这成为一个令人不安的疑问。同时，浪漫主义的兴起及其与史学的结合也促进了人们对个体价值和历史存在多元性的体察和认知。因之，与历史学的深刻渊源给欧洲大陆的社会科学带来了不同的特质。上述的这些思想巨匠，首先试图以"主观意识"的反思性创造来重新拯救破碎的历史与时间性，为社会科学与历史提供新的整全性。他们固然放弃了历史主义内含的未来乌托邦，却仍然试图把自由思考的主体从未来的霸权中解放出来，在主观理性的基础上重建基本价值和"主体间性"。以韦伯的"理想类型"为例。虽然他批判19世纪以来的实证主义，并承认了社会科学的概念本质是人为建构之物，但他也从另一方面提供了社会科学共同体集体工作的可能性。在他的名篇《以学术为业》（1998）中，他亦试图调和不可避免的主观性与科学研究的可能性之间的张力。不过，这种"调和式超越"是极不稳定的。20世纪30年代政治局面进一步恶化、特别是欧洲知识分子无法再作为"立法者"探索社会的道德基础之后，新实证主义重新兴起了。③

这一时期美国社会科学的选择尤其值得详述，因其学术霸权时至今日仍形塑着全球社会科学的典型样貌，并从狭隘的美国地方经验和理想类型出发建构了普遍主义的概念和理论话语。与欧洲形成对照的是，美国社会科学自20世纪初复从德国式的社会科学转向以自然科学为发展模板，放弃了处理特殊而变动的历史性这一任务。这一新思想模型相信在表面的历史过程之下，"现代社会更接近一种类似自然的过程。社会世界由针对自然激励的个体反应所组成，而资本主义市场与现代城市社会也被认为是这种自然过程的一部分"（Ross 1994，xiii）。这本质上是一种非历史的研究策略，在历史与科学的张力中选择了后者。一旦和美国强烈的个人主义式的自由主义相结合，又会导向通过科学和技术的手段对自然（社会）的操控。换言之，美国社会科学转而试图把历史的不确定性转换为可控的自然过程。20世纪50年代之后，这一模型愈益获得合法性，并借助对各种定量模型、

---

③ 比如罗素、维特根斯坦的所谓"逻辑实证主义"的新哲学就为之奠定了基础。当然，这种新实证主义并无19世纪实证主义对科学的信心和对历史进步的信仰，反而是退守的。它极大限制了哲学与社会科学研究的范围，而非扩张之。

系统论、功能主义和行为科学方法的运用而获得了极大的发展。

根据罗斯《美国社会科学的起源》一书的历史追摄，这种独特的社会科学路径很大程度上取决于在美国内战前就开始发展、在世纪之交又经重新建构的"美国例外论"。由于共和主义政治制度的建立和延续，西部大开发带来的自由市场秩序的不断扩展，以及美国在"一战"中没有受到严重冲击等特殊的历史原因，美国的普遍社会意识没有像欧洲那样，受到"一战"所带来的时间断裂与虚无之感的深刻影响，而是继续，甚至加强了历史作为连续变化的观念，相信历史的动力来自其内在未被发现的规律，而非外在的不可知因素——这种意识和狭义的社会科学相互构成。同时，从美国内部的具体情境来看，其特殊的国情与民情将继续促进现代性的发展，并可以避免贫困、阶级斗争和战争等欧洲现代性中的负面结果。这一思想基调促使社会科学家开辟出一个独特的领域，来研究历史之中或历史表象之下的自然过程：不同于欧洲社会科学对历史的断裂与无常的承认，美国的社会科学家力图采用更为强大的技术手段和概念工具来控制作为自然过程的历史（Rose 1994，22-52）。换言之，20 世纪的美国社会科学反而强化了以进步主义为基础的实证主义。"二战"之后，这种学术取径进一步制度化，成为"发展主义"、现代化理论等等的基石，把西方社会的当下作为全球南方发展的未来图景，从而把进步主义的时间问题变成了一个南北方之间的空间问题（Harvey 2008；Osborne 2011）。

三、社会科学的应对实验之二：记忆的复兴与历史社会学

正如前文所述，第一次时间危机在"二战"之后逐渐消退，新的时间秩序逐渐稳定：进步主义仍未完全退却，当下主义已开其渐。而从 20 世纪

80年代末、特别是20世纪90年代以来，当下主义在获得霸权之后，也日渐陷入了危机。与此同时，欧洲与美国的社会科学（部分包括历史学）也出现了很多新的应对实验。就欧洲来说，"记忆研究"与"遗产保护"的兴起是一种重要的学术运动。这是对当下主义"无纵深时间"的反动，但悖谬的是，这些运动很快又被当下主义所吸纳，成为当下主义内部处理历史问题的一种典型方式和文化工具，"对记忆的需求同时成为危机的表达和解决方式"（Hartog 2015，144）。其中，诺拉的《记忆之场》、康纳顿的《社会如何记忆》等作品都是这种时间实验的典型代表，也集中写作于20世纪80年代。④

具体来说，所谓的"记忆"，更多的是一种私人性的历史建构，是以个体特殊"身份"为中心，以"当下"为出发点进行筛选和重组的历史片段。即使是集体记忆，也是从某种当下的集体身份出发来不断重新建构的，或从某个具有公共性的场所或文化标识出发来组织和汇集不同的记忆，最终汇入并重构当下的社会思想图景。这一过程与作为公共书写的"历史"并不相同，和前现代的"记忆社会"也不尽相同。前现代的记忆是没有书写历史作为对照物的，只是一些记忆遗产的不断循环；而当下的记忆，却在不断利用历史，按照现时的需要改造历史，因而并没有一个坚实而不可更改的过去作为记忆的基础。易言之，记忆并不是历史；而记忆又被当作一种历史（比如口述史），或至少是和历史密切联系的，有关"记忆的历史"（history of memory）的新学术与文化场域也被开辟出来。另一方面，大规模的"遗产化"运动也是记忆复兴的一体两面（Hartog 2015，101-191）。

记忆的复兴，首先是对当下主义"无纵深循环"的反动。记忆用截然不同于此前历史主义或科学主义的方式，重新引入历史，使得"过去"又

---

④ 有关记忆研究的综述，请参见钱力成、张翮翾（2015）。当然，记忆与历史有本质区别的观点，在记忆研究中不断受到挑战，比如历史学家柏克就曾认为："历史就是社会记忆。"

在某种程度上回归了。当下与过去的联系一度被当下主义阻断，现在又可以通过新的方式被想象，并从此出发重建未来的部分愿景。这种学术和文化运动背后的心理动向之一是受困于当下主义中的主体的焦虑，这种焦虑驱使着人们去重建过去、当下与未来的关系。然而吊诡的是，"记忆的历史"找回过去的方式，又是极为当下主义的，因为此中的过去是重构的过去，是过去的片段而非全部的过去。哪一种过去被调用，完全取决于记忆发生的主体和场所，仍如聚沙之塔一般没有相对稳固的时间基础，并很快成为消费社会中随时可供包装售卖的商品。在这一过程中，历史研究者（包括历史学家和社会科学家）的角色也发生了重大变化。他们已无法以鲍曼意义上的"立法者"而存在，但他们在无限循环的当下主义中发现了自己的新位置：协助个体发现和重构记忆，促进集体记忆的涌现、建构和记录。概而言之，不管是记忆的历史也好、文化遗产也好，这种处理时间的方式并没有超出当下主义的逻辑，也无法创造新的时间结构。更为吊诡的是，多元记忆的无限生产也许反而会导致遗忘。

美国社会科学的不同领域也感受到了类似的时间危机，试图进行重新处理历史和时间的实验。其中相当一部分是对于美国 20 世纪以来社会科学"自然科学化"研究策略的反动，试图"把历史找回来"；另一部分则努力把欧洲新兴的理论动向实证化，其中也许并没有太多原创的视野与方法。大约在 1965 年到 1990 年之间，美国社会科学的主要门类几乎都开始重新处理历史问题，经济学、政治科学和人类学都不例外。而社会学内部的探索主要体验在历史社会学的兴起。

早在 20 世纪六七十年代，摩尔的《民主和专制的社会起源》、本迪克斯的《民族建构与公民权》、李普塞特和蒂利早期的作品已开启历史转向（Moore 1967；Bendix 1964；Lipset 1963；Tilly 1964）。而后规模更大的所谓的历史社会学"第二波"学术运动，全面转向了广义上的宏观政治与经济议题，如革命的生成、国家建构、阶级形成与斗争、福利国家的诞生与运行。这波学术运动的代表人物包括斯考切波、沃勒斯坦、戈德斯坦和研究生涯中后期的蒂利等等。⑤ 相应地，大约从 1975 年开始，历史社会学的博士毕业生数量开始猛增，美国社会学会（ASA）比较历史研究论坛和社会科学历史学会（SSHA）中相关的学术群体也迅速扩张。总体来说，马克思主义的问题意识是这一波历史社会学研究的底色，而韦伯对于政治领域相对独立性的论断亦是其重要的思想资源，当然法国年鉴学派的研究实践和"长时段"概念也对其影响良多。其角力的对手主要是战后美国主流的结构功能主义（Adams, Clemens, and Orloff 2005，15-22）。

这些历史社会学运动内部不乏多元脉络和纷纭表述，但以早期的斯考切波为代表的历史比较曾经引起广泛的争议，此处也值得详述。这种静态的比较方法将历史事实和过程从历史情境中抽拔出来，并仍以自然科学的演绎方法为出发点。在时间性的层面，休厄尔曾称其以"实验性时间性"为基础，因而——

"类实验性的比较方法最大的问题还不在于无法搜集足够的案例，这只会影响一些研究的（具体）问题。最大的问题毋宁是有关时间性的非历史假设，这是严格遵循实验逻辑所必需的。我会说有关时间性的实验性概念和一般的比较方法是不可分的，且只有在布洛维十分恰切地称之为'把历史冻结'之后才能施行——我还要把这个比喻扩展一下，即把凝结成团的

---

⑤ 更确切地说，斯考切波是年青一代中最重要的人物之一，她最富争议的作品是Skocpol（1979）。而蒂利因为坚持用"变量"来切入历史研究，而不是注重具体历史案例的比较，并没有成为这一少壮派群体实际的领导人。斯考切波等以ASA作为其主要的学术阵地；而蒂利及其弟子以及其他一些更关注微观问题的"社会科学历史"（social science history）研究者则以SSHA作为其主要阵地。由此可见，这一时期存在多种不同的拥抱历史的实验。这段历史详见阿伯特（Abbott 2001,91-120）。当然，阿伯特对于社会科学历史转向的解释，主要是学科内部的"分形差异"（fractal distinction）带来的运动，是一种"内部视角"，我并不完全同意。

历史时间人为切分为可以相互替代的单位。"（Sewell 2005，94-95）⑥

正如休厄尔所批评的，这种历史社会学的议题固然是历史的，但其处理历史的方式是非历史的。截然不同的、分属不同时期和情境的"过去"，被当下的研究者调用，成为"相互替代的单位"被并置在一起，在当下的理论尺度中进行比较。并且，这种历史社会学始终认为自己的根本任务是进行社会科学式的"解释"，仍需从社会学理论出发进行分析，因而并没有在本质上接受历史学的"叙事"传统，而他们的自我认知也在根本上有别于所谓的"天然的历史学家"。此外，这种历史社会学研究虽然很大程度上放弃了马克思主义内在的进步主义和历史主义，并接受韦伯主义对于现代性的批评和重构，但并没有质疑与现代性社会理论相关的基本概念，从而排斥或压抑了这些概念之外的社会事实和议题。这继承了20世纪以来美国社会科学对于现代性的信心与信任。在某种程度上，这无非是用一种当下主义，替代了另一种当下主义。

另一种历史社会学的实验从20世纪90年代开始逐渐展开。其中，亚当斯、克莱门斯和奥尔洛夫所编纂的《重构现代性》是这一运动的重要宣言之一，她们自称这次运动为历史社会学"第三波"。⑦尽管这一运动至今仍缺乏相对统一的理论语言，也没有像"第二波"那样明确的议题和方法内核，但有以下几个大致的动向：第一，将行动者及其能动性移入理论的中心位置，讨论其利益、理念与身份是如何具体形成的，而并不假设它们是由其结构性位置事先给定的；第二，重新引入被"第二波"历史社会学所忽略和压抑的多元"庶民"群体和社会领域，比如关注性别、性取向、

---

⑥ 此段为作者翻译。此段所引的布洛维对斯考切波的批评，请见Burawoy（1989）。
⑦ 有关历史社会学不同浪潮（波）的划分也有不同说法，比如Dennis Smith（1991）就认为只有两波，其中第二波分为三个阶段。

少数族裔问题等等；第三，从关注结构性权力的运行方式转向关注毛细管式的权力实施的过程，比如研究分类体系的制度化、医疗过程中的话语建构和技术创造的新秩序；第四，从关注政治经济学转向关注宗教、情感、暴力和其他所谓"非理性"的社会因素，易言之，这也是历史社会学的"文化转向"。（Adams et al. 2005，63-64）

此外，休厄尔对于"事件"及其背后的"事件性时间性"的理论化和实证尝试也和"第三波"展开了对话，这使得他在历史社会学中的影响甚至超过了他所在的历史学科。所谓的"事件"，即"能够深刻改变结构的、相对来说罕见的一类事情"。所谓的"事件性时间性"，则强调历史的路径依赖于历史情境的重要性，承认因果多元与异质性，并将历史或然性放置在社会关系重构的核心。休厄尔以法国大革命中的攻占巴士底狱事件为例，说明在具体的事件中历史或然性如何耦合，并通过改变文化图式的集体行动来变革结构本身（Sewell 2005，100-102；225-270）。而厄马考夫的历史或然性理论的原创性，在于其试图将能动性、历史因素的耦合等概念充分操作化——尽管其过于精细的实证化倾向与艰涩的分析限制了其影响（Ermakoff 2008；Ermakoff 2015）。

这些探索并非美国学界的原创，远可追溯到本雅明时代，近则与20世纪七八十年代以来的法国事件（évènement）理论有隐匿的联系。早在20世纪70年代，福柯就曾提出自己的历史研究试图捕捉的是"事件"，并指出了"事件化"路径的理论-政治功能，即打破"显而易见性"，以及维持这种显而易见性背后的"联系、遭遇、支持、阻碍、力量和策略等"（Foucault 1991，76-78）。20世纪80年代以来，巴迪欧（2018）的《存在与事件》，德勒兹（2017）的《感觉的逻辑》以及齐泽克（2016）更为通俗的作品《事件》等，都把事件理解为某种解放性事件，是原因与结果之间的地带，是既定结构内部无法收编的冗余之物，而资本主义意识形态

（特别是新自由主义）的胜利使得我们一直停驻于一种持续性的"前事件状态"：能使新事物崛起之真正事件迟迟无法发生，恒常的、非实质性的变化维持的则是一种实质性的不变。此外，前文所述的记忆研究的代表人物诺拉，也早在 1974 年就提出"事件的回归"，不过他更强调事件是与场所相联系的，过去在具体的事件中涌入当下的记忆。因此，回忆主体/叙事者、记忆的场所与事件是同时建构起来的，特定场所与事件是不同记忆路径的交汇之处（Nora 1974，转引自 Sewell 2005）。回过头来看，休厄尔的理论资源来自人类学家萨林斯，而萨林斯亦受到法国学界"事件转向"的极大影响。

  概而言之，如果说事件是法国激进左翼的理论工具，以期在公共空间中培成真正的解放性事件以突破资本主义制度的壁垒，那么事件理论在美国更多只是一场学术运动，并可能在实证操作中被庸俗化。事件研究极有可能陷入当下主义和新自由主义对主观个体的崇尚，致力于发掘无穷多元的事件，而忽略了事件的公共性与集体性，尤其是在公共空间普遍私有化的当下世界。[⑧] 这也许和前述的记忆研究面临的困境是类似的。而历史社会学"第三波"对于能动性的充分关注，使其在能动-结构的矛盾中决定性地倾向于前者，这既是美国实用主义社科精神的复兴，也与新自由主义时代的伦理暗合。在这样一种社会秩序中，个体的生存体验更多是在每一个当下发挥能动性将最大价值提取出来，或根据自己的身份和需求把过去与未来都组织进一种消费经济当中。结构作为过去不同历史时期社会关系（特别是权力关系）的层叠积淀，至少在表面上并没有这么强的约束力了，被放逐到实证研究和理论建构的边缘也并不奇怪。而同时发生的文化转向，也从关注文化如何作为社会团结的基础，转向了关注文化如何成为个体或

---

⑧ 公共空间的私人化指个体在社交平台等本应作为公共空间的场域，大量发布个人的信息来博取关注，并取代公共讨论，从而极大改变了公私之间的界限。

小群体身份的基础和标识——文化因之变成了自由漂浮的能指。

当然，历史社会学内部一直以来都有多重实验，比如研究生涯中后期的蒂利、赵鼎新（Zhao 2015）、拉克曼（Lachmann 2020）、斯坦梅茨（Steinmetz 2007），以及作品成熟时期的斯考切波（Skocpol 1992），自成一格的迈克尔·曼（Mann 1986—2012时期），他们都始终注重结构的关系性和情境性作用，并没有转向对文化、能动性与多元性的过度庆祝。但令人遗憾的是，特朗普上台之后，尽管历史社会学家感知到了美国社会的巨变，但"宏大理论"的理想和对未来的期待早已被挫败，实证研究仍陷于当下主义的自我循环之中。历史社会学远未在社会变革的熔冶中形成过去、当下与未来之间的革命性连接方式。这是至今我们尚未看到美国社会学出现重大理论突破的原因之一。

四、中国当代的本土化运动与历史复兴

当我们进一步转向非西方的社会科学时，问题除了现代性内部不同时间性的更替及相关危机，还面临西方的时间性与本土性之间的恒常张力。在最近的40年中，这种张力在广大的非西方学术界表现为民族主义认识论（ethno-epistemology）的重新上升，以及本土主义、新传统主义的普遍回归。其中，本土历史的复兴是核心内容之一。在这个意义上，当代中国远非孤例。中国社会科学的主要门类于改革开放之后的20世纪80年代重建，其发展主要跟随西方（尤其是美国）的学术潮流与范式转型，内核是"现代化""科学化""与世界接轨"。20世纪90年代中期之后，中国思想界的话语逐渐发生转变，本土主义开其端绪，其中最早的尝试之一接续了20世纪80年代港台和离散华人学者的"新儒家"研究，继而推动了各种语义暧

昧的"国学"复兴；而社会科学的本土主义与历史转向则要晚至 21 世纪以后，特别是最近十年，包括政治学、经济学、社会学和人类学等学科都出现了类似的趋势。

以笔者所在的社会学为例，本土历史复兴的趋势集中体现在近年来历史社会学的急遽上升，大有渐成显学之势。若根据本书应星老师一文，中国社会学早在 21 世纪初就展开了一场"过程-事件分析"与"结构-制度分析"之间的论战。这也许是中国社会学家严肃讨论时间性问题，处理有关历史的方法论和认识论的重要开端。此前的社会学研究固然也离不开历史（当然任何社会科学都离不开历史），但并没有如此清晰的本土历史意识。一直到 2015 年前后，历史社会学作为一个研究方向，才真正进入了爆炸式增长的阶段：相关文章在主要社会学杂志中的发表数量极大增加，自我认同为"历史社会学者"也成为一时风潮——尽管其中的很多学者并没有接受过相关的训练。2017 年，中国社会学年会开始举办"历史社会学论坛"，该论坛迅速成为最受欢迎的论坛之一。相较之下，美国历史社会学从 20 世纪六七十年代重获能量以来，始终处于学科内部相对边缘的地位，仅是通过 ASA 召开专门议题的小型会议而已，并没有获得大规模的制度性权力。

这一波学术运动参与者甚众，相关的研究目的和方法也多有纷纭的表述，其中也并不乏优秀的作品。这波运动中，核心是从"中国"（而非地方）历史中寻找所谓的"本土性"——可以是中国社会结构的深层形态，也可以是中国人特有的文化/心理结构的外在表征，或作为中华文明基础的独特的文化基因，也包括中国社会学家的本土理论和表述，等等。这场运动并不仅仅停留在议题的历史化、本土化。相较而言，中国经济学（包括部分政治学）的历史转向更多仅停留在议题层面，这类研究往往借助数字化的工具，把规范的（西方的）分析方法运用于新近发掘的历史数据。其中有很多令人耳目一新的成果，但也是典型的对于"过去"的方法论殖民主义，当然某种程度上这是出于当代中国宏观经济数据问题较多、难以做出研究成果的现实考量。但其政治和道德内核仍是现代的。[9] 相比之下，历史社会学的兴起在议题历史化之外，往往和寻找传统的、替代西方的政治和道德方案联系在一起，因此有很强的规范意义。这类研究试图寻找打开中国社会的"正确"方式，避免西方现代性和极端个人主义对社会的破坏与冲击，为中国未来的社会发展提供新的可能性。按照阿伦特的说法，这是企图"经由过去而指向未来"，未来的希望并不在于想象某种还未降临的弥赛亚（进步主义），而在于"怀旧"。这实际上是对当下主义的一种间接应对。如果说西方学术已陷入当下主义，自我消费、自我挫败，那么中国某些历史社会学家则转而为"历史的愿景"所吸引。他们可能是保守的，但又是激进的；他们在寻找未来，只不过他们想"使未来成为比历史更绚丽的往昔"，因为"希望可能破灭，而怀旧却无懈可击"。（里拉 2019，3-20）

从更长的时间线索来看，中国社会学（历史社会学）的本土历史转向渊源有自。首先，随着中国加入新自由主义全球秩序的社会成本与诸种破坏性逐渐展露，对传统社会组织方式和社会保护制度的浪漫怀旧也得以回归。其次，中国经济飞速发展，中国在资本主义世界体系中地位上升；在追求民族文化身份的隐秘渴望中，历史问题逐渐转移到文化和学术的中心——学术变革的条件已然就绪。在一定程度上，这种方案是可以与西方左翼"反霸权、反西方中心主义、反全球资本主义"的立场对话的，甚至可能是其思想出发点之一。但其在寻找替代性本土资源的过程中，由于缺乏对传统社会制度和对所谓"文化遗产""文明基因"背后权力关系的反思，而面临着滑向文化保守主义的危险。这其实和 20 世纪 90 年代末兴起

---

[9] 不可否认的是，其中也诞生了很多优秀的作品，对于理解历史提供了新的视角。但是，这些研究必须基于对历史情境的解读，否则很容易得出穿凿的结论。

的另一股主要学术潮流"新左派"有着类似的思想轨迹。从学科内部来看，20世纪80年代之后，西方（美国）社会学主要研究路线与实证方法在国内得以部分制度化，其中定量研究一时占据了主导地位，颇有一些罔顾中国具体社会情境、滥用定量方法和西方社科概念的例子。这促成了一种偏见，即西方/霸权的社会学等同于以定量为基础的"科学"研究。那么，本土性的回归必然需要超越科学范式，而传统学术的历史"叙事"方式自然是不二选择。最后，从学术代际更替的角度看，新一代学者也获得了设定议程的权力。而对于更年轻的社会学家来说，现实议题的丧失，也许才是"历史转向"背后迫不得已的动因。

这种学术方案背后隐含着一系列悖论。[10] 首先，这些研究试图从历史中寻找未被污染的本土历史，但忽视或拒绝对其中一些核心概念进行真正的"历史化"，因而在方法论和认识论层面恰恰可能是"非历史"和"反历史"的。实际上，在不同的历史时期和地区，中国社会所面临的基本政治经济条件并不是一成不变的，基本的文化和感觉结构也经历了重大变迁，社会网络的形态也在不断重组和再生产。具体的历史研究只会消解这些研究者建构的抽象概念和想象物，比如"家"（而非实证意义上的家庭）、"差序格局"等等，其背后强烈的道德规训力量也会减弱。再退一步来说，这些概念如果仅仅作为文化的遗存，是否还能继续滋养当代中国人的物质与精神生活，也要打一个大大的问号。"文化基因"或"文明基因"这种说法是自相矛盾的，历史社会学家不应该不加检视地频繁使用。某种文化和相关社会关系的延续，需要在具体的社会情境和一定的权力结构中，通过个体对具体情境的一次次重新评估，一遍遍地被重新生产出来——这和生物学意

---

[10] 本段部分观点参考了德里克（2015）第六至七章，特此说明。

义上的基因遗传是根本不同的。[11]因之，并没有什么文化和社会关系模式是被事先编码且恒常不变的。如果从社会学的角度出发，我们研究的重点应放在其维系或变革背后的具体历史情境。事实上，自"五四运动"以来，中国社会一直在不断探索现代化的实现方式，特别是改革开放之后，更是在不断实验和实践如何应对全球政治经济秩序下的生活方式，这难道不是一种本土性吗？本土性必然会和现代性矛盾吗？另一方面，中国的经济与社会安排本身也溢出了中国这一地理和文化空间，不同程度地影响了全世界。反过来说，如果把"西方"作为一种文化/权力概念，而不是简单的地理概念来看待，中国内部出现"西方性"也很正常，就如同西方社会中的某些部分也可能是非西方的。因此，我们很难说有一种社会科学是可以专门阐释中国的，也很难说西方的社会科学就完全无法解释中国社会——这种"二分法"是无效的。某些历史社会学对于本土历史性的想象和建构，实际是用一种更古早的、想象的历史，来替代当下实践以及与当下联系更为紧密的历史，从而期待并规范未来。不得不说，相比21世纪初以甘阳（2007）为代表的"通三统"保守主义方案，这些方案更为退守。[12]

阿伦特在《过去与未来之间》中有一段话，用来评价当下中国也许是允洽的：

> 今天，传统有时被认为是一个本质上浪漫的概念，但是浪漫主义除了把关于传统的讨论提到19世纪的议程上以外，什么也没有干。浪漫主义对于过去的颂扬只是为着标志这样一个时刻：现代对于我们世

---

[11] "二战"之后，自然科学研究也越来越多地开始处理社会因素和情境性变化，比如"测不准定律"就是典型。就生物学来说，近年来表观遗传学（epigenetics）的发展充分说明，基因表达在DNA之外，还受到化学环境、母体效应的影响，因而遗传是基因和非基因因素共同作用的结果。

[12] 笔者认为，甘阳的方案试图把想象的历史、切近的历史与当下实践做一个联通，其本质也是保守主义的。但如果从广义上来理解，还算是比较公允，且可以达成一定社会共识的。

界和人类一般状况的改变已经到了这样一个程度，对传统理所当然的依赖已经变得不再可能了。

一种传统的终结并不意味着传统观念已经丧失了对于人心的力量，正相反，就在传统丧失了活力，而人们对其开端的记忆也逐渐褪色的时候，传统陈腐不堪的概念和范畴有时反变得更加暴虐。甚至于，传统可能只有在它终结之时，即当人们甚至不再反抗它之时，才充分展现它的强制力量。（阿伦特 2011，21-22）

易言之，当某些所谓的传统观念早已不再是社会生活主要和普遍的文化动力时，有关该传统和历史的概念建构物反而可能获得极大的力量。然而，这些当代的建构物实际上是被抽空了实质内容的，它们所表征的更多的是象征意义上的差异性，比如中国和西方、本土性与西方霸权、传统与现代、历史的与科学的，本土的社会学与舶来的社会学等。而这种制造差异的工具，可以被不同层面、不同目的的权力中心所调用，并被制造成为它们重要的话语武器。类似地，石汉博士最近在评论中国当代人类学时也指出："本土性"正在被神圣化，获得了某种特殊的"光晕"，尽管历史人类学亦经历了上升，但其实质可能是脱离了本土日常实践的（Steinmüller 2022）。人类学一直以来对于西方的时间霸权更为敏感，其转而从非西方社会的过去寻找资源，从而拯救西方消失的未来，但这一过程仅由少部分具有全球性身份的学术精英完成，和人类学本来的研究对象——日常生活及其文化意涵——是高度分离的。

如果从更长的时间维度来看，类似的寻找本土历史的保守主义运动自 20 世纪初以来也并非头一遭。20 世纪 20 年代兴起的学衡运动反对当时成为主流的新文化运动，宣扬以中为本，用历史传统来构建民族认同，似乎与当下的历史转向有所呼应。然而，学衡派在现代化的目标上和新青年派并没有本质的分歧，其目标毋宁是"昌明国粹，融化新知"，"苟吾人态度正确，处置得宜，则吸收新化而益臻发达。否则态度有误，处置未妥，斯文化之末路遂至"。换言之，学衡派主张兼取中西文明之精华，要求民族性与世界性兼备，其核心成员，如吴宓等人也都有深厚的西学素养。这一运动与国家的关系也并不紧密。而他们对于新青年派的主要批评是其思想与学术的功利性过强，这一批评也许在今天还是有效的（张宝明 2021）。反观当下的历史社会学运动，其对于西学的认识和准备是不足的，且其内核对于中西、古今关系的理解是非此即彼的，而非融通的。这和中国改革开放以来的飞速发展和国家地位的急速提升是密切相关的，也和近十年内全球思想的保守化与民族主义转向相契。在此过程中，知识分子的时间权力与国家的时间规划及话语是高度重合的。包括社会学者在内的知识分子，与其说是找回了时间感，不如说是丧失了真正的时间意识。

五、结语：过去、当下与未来

在某种程度上，现代性的本质是一种特定的历史意识，并以某种时间性为基础。当特定历史观念中的历史经验和有关未来的期望之间的差距无法弥合，特定的时间性中过去、当下与未来之间的关系不再是显而易见的普遍观念，那么现代性必然遭遇了某种时间危机。不宁唯是，时间危机又总是相应的政治与社会危机的端绪，并与之紧密联系。从本雅明的《历史哲学论纲》到阿伦特的《过去与未来之间》，我们可以一瞥 20 世纪上半期进步主义与历史主义的时间性遭遇了何种危机，战后西方精神困顿的根源又来自何处。而从阿赫托戈的作品中，我们或能理解当下主义作为一种新的时间性，是如何在"二战"后逐渐兴起，并在 20 世纪八九十年代后获得霸权。这种有关时间的褊狭主义，在政治层面与新自由主义和超级个人主义结合，在经济层面致力于提取每一刻的金融价值。尽管自20世纪末以来，我们的世界又经历了诸多重要的变化，比如政治激进主义与民粹主义的回归、移民危机引发的对西方文明再次崩溃的担忧、西方民主体制的衰微、全球化的逆转与全球产业的重新布局，以至于最近的新冠疫情和俄乌冲突，等等。然而在很大程度上，我们远未跳脱当下主义的时间结构，只是正在经历当下主义的诸多危机，承受其罔顾历史也放弃未来期待的后果而已。如果说从19世纪末到本雅明时代的时间危机是欧洲性的，那么当下的危机则通过新自由主义秩序的扩展成为全球性的。这也是时间议题变得如此紧迫与重要的原因。

社会科学作为言说与剖析现代性的学术工程之一，在每一次现代性的时间危机中，都可能提出应对方法，并成为实验新时间意识的重要场域。其中，社会科学家的学术与政治角色也在不断转换。社会科学自19世纪在欧洲社会诞生以来，基本以进步主义为其内核。到了19世纪末、20世纪初，欧洲社会科学家试图以对"主观意识"的反思性创造来重新拯救破碎的历史与时间性，为社会科学与历史提供新的整全性；而美国的社会科学则受到"美国特殊论"的影响，走上了效仿自然科学的道路，失去了全面反思进步主义的机会。在最近的当下主义危机中，欧洲知识界拥抱了记忆与遗产研究，而美国的社会学界通过历史社会学重新引入丧失的历史视野，并经历了20世纪80年代的"实验性时间性"，到20世纪90年代所谓历史社会学"第三波"的运动，以及对于事件、历史或然性、能动性的广泛关注，却仍没有超越当下主义的基本逻辑，也没有出现重大的理论突破。至若中国社会科学的本土历史复兴，其实质有可能是保守的，即试图通过某种怀旧来建构未来愿景——这一方案面临着一系列的悖论。概而言之，社会科学的实验方案，要在几个重要的维度中做出选择：一是在历史学与社会科学之间的分野所构造的学术空间中选择合适的位置；二是如何继承和重构国别性的文化与政治脉络；三是如何建构和言说过去、当下与未来之间的关系。

本文无法为如何突破我们时代的时间危机提供确定的答案，但这一粗略的历史回顾也许能为社会科学的新实验清理部分地基，从而对重构过去、当下与未来的革命性联结有所操练。首先，对于当下主义的斗争与超越，并不意味着放弃立足当下，对当下社会与政治实践进行探索、考察与言说——后者恰恰应是社会科学的基本出发点。社会科学曾经并可能仍然信仰着某种非人的力量会把我们带到某个固定的、光明的目的地，不管这个目的地是在未来，还是在某个历史中的过去。这种观念是危险的，因为它会以未来或历史的名义，来推动某种政治图景与话语，罔顾当下的社会实践与生活世界的文化安排，或把当下作为达成未来或过去的抽象目标的手段与过渡。在此过程中，社会科学家（或广义的知识生产者）往往与权力结合以推动他们的目标；而无法保卫当下生活方式与政治诉求的，恰恰是缺乏物质与话语资源的那部分社会群体——他们往往只能寓居于当下，既不能调用历史，也无法透支未来。因之，当下是需要被理解、关注与保卫的，但不应被过度地庆祝。

再则，对于当下的关照，也必须和新的历史经验以及集体性的未来图景建立联系。我们毋宁说，应当把阿伦特意义上的那个处于过去与未来之间的人找回来。他的立足点是作为一种精神裂隙的当下，他必须与过去和未来同时搏斗：一方面，他需关照历史的经验，以获得理解当下的动力与起点；另一方面，他仍需要建构一个政治性的未来，使得社会团结与集体行动成为可能。如果有关未来的期待被关闭，进步的政治话语与集体政治行动也不再可能，这反而会给保守主义和威权主义打开空间。对当下的关照，必须是"有未来，而非未来主义；有当下，而非当下主义；两者以遗产（历史）来相互关联，或者说联系在一起，其中任何一者都不能降格。"[13]

特别对于中国的社会科学而言，中西古今之间的关系并非零和的。创造这些维度之间的新联结需要应对以下几个重要问题。首先，当社会科学研究退守到历史，或者以历史的愿景来建构未来，那么最近五到十年的一个明显后果是，社会科学丧失了对于当下的观察力和批判能力。在某种程度上，美学已然部分取代了社会科学（尤其是社会学），成为言说和培成当下实践的知识生产方式。这在乡村建设、社区营造、城市研究、环境保护以及数字经济对人的异化等议题中特别显著。这一方面是由于社会科学被迫或主动放弃了当下领域，另一方面是因为美学的光晕柔化了尖锐的政治问题，并提供了美学的未来：个人解放、个人自由的未来。这种时间观上的分歧，也导致了知识分子群体内部的分化，包括艺术家与社会科学家关系的断裂、社会科学不同门类学者内部关系的断裂。再则，这一问题和有关"本土性"的问题也密切相关。什么是本土性？本土性并不等同于"中国化""中国性"，也不必然和某种历史复兴联系在一起。"中国性"指涉某些本质化的中国社会文化特征与民族性格，并以国家的政治权力为基础；而本土性可能包括不同地方的多重层面，内部也充满了多元性与差异性（德里克 2015，202-242）。并且，本土性既可以包括历史的维度，也应纳入当下的日常实践——这种实践可能是传统的，更可能是现代的。因之，如果不与当下的社会-文化生活真正结合，并真诚反思其背后的时间与空间假定，那么高呼本土性（实际是抽象的中国性）背后的动机是值得怀疑的。最后，对于中国历史社会学来说，倘若建构历史的方案值得怀疑，拥抱西方历史社会学的最新进展又无法跳脱当下主义的陷阱，那么应该抱持何种时间经验和研究视野呢？对于结构和权力的重新理解及对其与时间性关联

---

[13] 这是阿赫托戈对于约纳斯《责任原理》一书的评价，参见 Hartog（2015），p.198。

的反思，也许是一个可能的开始，亦是重建过去、当下与未来关系的重要楔子，有可能成为立足地方推动全球社会学发展的新实验。⑭ 毕竟，我们仍是鲁迅笔下的"历史中间物"（汪晖 2000）——我们仍处于传统与现代、外来与本土的复杂交锋之中。我们也许彷徨于无地，但也并非没有希望。这也许才是我们时代最根本的知识与政治任务。

【参考文献】

[美] 汉娜·阿伦特著，王寅丽、张立立译，2011，《过去与未来之间》，南京：译林出版社。

[法] 阿兰·巴迪欧著，蓝江译，2018，《存在与事件》，南京：南京大学出版社。

[美] 阿里夫·德里克著，李冠南、董一格译，2015，《后革命时代的中国》，上海：上海人民出版社。

[法] 吉尔·德勒兹著，董强译，2017，《弗兰西斯·培根：感觉的逻辑》，桂林：广西师范大学出版社。

甘阳著，2007，《通三统》，北京：生活·读书·新知三联书店。

[美] 何柔宛著，翟宇航等译，2018，《清算：华尔街的日常生活》，上海：华东师范大学出版社。

[美] 马克·里拉著，唐颖祺译，2019，《搁浅的心灵》，北京：商务印书馆。

[斯洛文尼亚] 斯拉沃热·齐泽克著，王师译，2016，《事件》，上海：上海文艺出版社。

钱力成、张翮翾，2015，《社会记忆研究：西方脉络、中国图景与方法实践》，《社会学研究》第6期。

[德] 奥斯瓦尔德·斯宾格勒著，齐世荣、田农等译，2001，《西方的没落》，北京：商务印书馆。

汪晖，2000，《反抗绝望：鲁迅及其文学世界》，石家庄：河北教育出版社。

[德] 马克斯·韦伯著，冯克利译，1998，《学术与政治》，北京：生活·读书·新知三联书店。

张宝明编，2021，《斯文在兹：〈学衡〉典存》，上海：华东师范大学出版社。

Abbott, Andrew Delano. 2001. *Chaos of Disciplines*. Chicago: University of Chicago Press.

---

⑭ 详见本书赵鼎新一文对于结构、权力和时间性的讨论。

Adams, Julia., Elisabeth S. Clemens, and Ann S. Orloff. 2015. *Remaking Modernity: Politics, History, and Sociology*. Durham: Duke University Press.

Arendt, Hannah. 1961. *Between Past and Future: Six Exercises in Political Thought*. New York: Viking Press.

Bendix, Reinhard. 1964. *Nation-Building and Citizenship: Studies of Our Changing Social Order*. New York: Wiley.

Benjamin, Walter. 2007."Theses on the philosophy of History", from Walter Benjamin, Hannah Arendt(ed.) and Harry Zohn(trans.). *Illuminations: Essays and Reflections*. New York: Schocken Books.

Burawoy, Michael.1989. "Two Methods in Search of Science: Skocpol Versus Trotsky." *Theory and Society*. (18): 759–805.

Ermakoff, Ivan. 2008. *Ruling Oneself Out: A Theory of Collective Abdications*. Durham: Duke University Press.

——.2015. "The Structure of Contingency". *American Journal of Sociology* (121): 64–125.

Foucault, Michel. 1991. *The Foucault Effect: Studies in Governmentality*. Chicago: University of Chicago Press

Haney, David Paul. 2008. *The Americanization of Social Science: Intellectuals and Public Responsibility in the Postwar United States*. Philadelphia: Temple University Press.

Hartog, Francois and Saskia Brown (trans.) 2015. *Regimes of Historicity: Presentism and Experiences of Time*. New York: Columbia University Press.译自2003, *Régimes d'historicité: Présentisme et expériences du temps*. Paris: Le Seuil.

Hughes, H. Stuart. 2002. *Consciousness and Society*. New Brunswick, N.J.: Transaction Publishers.

Koselleck, Reinhart. 2004. *Futures Past: On the Semantics of Historical Time*. New York: Columbia University Press.

Lachmann, Richard. 2020. *First-Class Passengers on a Sinking Ship: Elite Politics and the Decline of Great Powers*. London: Verso.

Lilla, Mark. 2018. *The Once and Future Liberal: After Identity Politics*. New York: Oxford University Press.

Lipset, Seymour Martin. 1963. *The First New Nation: The United States in Historical and Comparative Perspective*. New York: Basic Books.

Mann, Michael. 1986–2012. *The Sources of Social Power. Vol.1–4*. Cambridge: Cambridge University Press.

Moore, Barrington. 1967. *Social Origins of Dictatorship and Democracy: Lord and Peasant in the Making of the Modern World*. London: Penguin Press.

Nora, Pierre. 1974."Le retour de l'evenement:' In Faire de l'histoire," from J. Le Goff and P. Nora(ed.), *Nouveaux problemes, vol. 1*, Paris: Gallimard.

Osborne, Peter. 2011. *The Politics of Time: Modernity and Avant-Garde*. London: Verso Books.

Ross, Dorothy (ed.). 1994. *Modernist Impulses in the Human Sciences, 1870–1930*. Baltimore: Johns Hopkins University Press

Sahlins, Marshall. 1985. *Islands of History*. Chicago: University of Chicago Press.

Sewell, William H. 2005. *Logics of History*. Chicago: University of Chicago Press.

Skocpol, Theda. 1979. *States and Social Revolutions: A Comparative Analysis of France, Russia and China*. Cambridge: Cambridge University Press.

——. 1992. *Protecting Soldiers and Mothers: The Political Origins of Social Policy in the United States*. Cambridge (MA): Belknap Press of Harvard University Press.

Smith, Dennis. 1991. *The Rise of Historical Sociology*. Philadelphia: Temple University Press.

Steinmetz, George. 2007. *The Devil's Handwriting: Precoloniality and the German Colonial State in Qingdao, Samoa, and Southwest Africa. Chicago Studies in Practices of Meaning*. Chicago: University of Chicago Press.

Steinmüller, Hans. 2022. "The Aura of the Local in Chinese Anthropology: Grammars, Media and Institutions of Attention Management." *Journal of Historical Sociology* (35): 69–82.

Tilly, Charles. 1964. *The Vendee*. Cambridge (MA): Harvard University Press.

Zhao, Dingxin. 2015. *The Confucian-Legalist State: A New Theory of Chinese History*. Oxford: Oxford University Press.

在数字中发现历史
历史社会学与定量方法

张晓鸣[①]

【摘要】 传统的历史社会学以比较案例分析为主要论证手段，然而近些年，越来越多的研究开始使用定量方法。本文指出，这一趋势的出现源于定量方法在描述典型事实、识别因果关系与排除竞争性假说等方面具备优势。定量方法的普及，亦得益于学者构建大规模历史数据库的努力以及分析技术的成熟。本文同时指出，定量方法在因果论证过程中也面临着度量误差、样本选择以及假设前提不符等挑战。尤其值得注意的是，定量分析将事实浓缩成数据，容易忽视经验材料生成时的历史情景与内生选择过程。因此，综合定量与定性方法进行论证，充分还原历史场景的复杂性以及规律性是可取的研究方向。

· · · ·

一、引言

历史社会学是一门利用社会科学理论来解释重要历史现象，提炼历史

[①] 张晓鸣，浙江大学社会学系百人计划研究员，研究领域为量化历史、历史社会学、组织理论。感谢陈雨新、郦菁、王海骁、赵鼎新对本文提出的宝贵建议，感谢刘晓敏、王子贺与郑翔益协助研究，当然文责自负。邮箱：mingxiaoz@outlook.com。

规律，同时也从中发展社会科学理论的学问（Abrams 1982，190；Skocpol 1984；Clemens 2007；Lachmann 2013，9）。历史过程中的部分规律往往展现为因果关系，即，某事导致了另一件事的产生。因此，学者在从事历史社会学的研究时，往往试图证明其所发现的规律为因果关系，而非相关关系（Ermakoff 2019）。因果关系的论证大致可以分为定性与定量方法。[②] 尽管在历史社会学的传统叙事中，定性比较案例分析是主流论证方式，[③] 近些年，越来越多研究开始使用定量方法，定量方法运用的广度与深度都在不断提高。

本文旨在讨论历史社会学中定量方法运用的现状、优势与局限。[④] 本文将指出：第一，基于大样本的定量分析已经成为历史社会学研究中不可忽视的论证手段；第二，定量方法在历史社会学研究的特定方面有其独特优势，包括描述典型事实、识别因果关系与排除竞争性假说等，但定量方法也面临着度量误差、样本选择以及假设前提不符等挑战；第三，如果要在进行因果推断的同时不忘回归社会科学的常识，综合多种方法论证是一种基本取向。一方面，方法要服务于问题；另一方面，要认识到因果关系的复杂性是社会科学的基本特征。

本文安排如下：首先，我们将分析社会学主流期刊所发表的历史社会学论文中定量方法使用的基本情况，同时将分析样本拓展至获奖的历史社会学论文与书籍（巴林顿·摩尔书籍奖与查尔斯·蒂利论文奖）；其次，

[②] 尽管有学者认为两种方法遵循着一些共同的规范（King, Keohane, and Verba 1995，7），但是学者普遍认为两者的论证逻辑存在本质区别，更多讨论见Mahoney and Gary (2006)；Brady and Collier (2010)；Gary and Mahoney (2012)；Ivan (2019)；朱天飚 (2015)。

[③] 关于历史社会学中定性方法的讨论请见：Mahoney (2003); Mahoney and Rueschemeyer (2003); Mahoney and Thelen (2015)。

[④] 本文主要讨论基于统计理论的定量分析方法，关于博弈论与数理逻辑演绎在历史解释中的运用请见Bates, Greif, Rosenthal, and Weingast (1998)；考虑到历史社会学的历史属性，本文主要讨论基于观测数据（observational data）的统计方法，不讨论利用实验数据的统计方法（experimental data），更多讨论见Jackson and Cox (2013)；Imbens and Rubin (2015，47)。定量方法包括统计推断、网络分析等多种方法，而前者应用最广，本文也以此为讨论重点。

本文将结合具体案例，阐述定量方法在研究历史社会学问题方面的独特优势，以及存在的问题与应对策略；最后是总结性评述。

二、定量方法在历史社会学中的应用

利用定量数据描述典型事实、论证理论命题，是社会科学常见的叙事模式。单纯依靠定量方法进行因果论证的研究在历史社会学中比较少见，大多数作品都采取定量与定性相结合的混合方法（mixed-method）。根据这些使用了混合方法的作品的特征，我们可以区分出三种典型的混合方法：第一，使用定量方法描述趋势特征，使用定性方法分析因果关系；第二，使用定量方法回答定性方法难以清楚回答的问题；第三，使用定量方法识别相关/因果关系，使用定性分析提供机制解释。这三种模式对定量的要求依次提高。为了解历史社会学论文中定量方法的使用情况，本文首先对近五年（2015—2020）发表于 American Journal of Sociology（以下简称 AJS），American Sociological Review（以下简称 ASR），以及历史社会学的专业期刊 Journal of Historical Sociology（以下简称 JHS）[5]上的 642 篇论文进行初步分析。[6]

我们可以从表一中看到一个清晰的趋势，那就是学者广泛地在历史社会学的研究中使用定量方法，这一点在广受认可的社会学期刊如 AJS 与 ASR 中更为明显。2015 年至 2020 年发表于 AJS 与 ASR 的共 47 篇历史社

---

[5] https://www.journals.uchicago.edu/toc/ajs/current(访问日期 2022/02/08); https://journals.sagepub.com/home/asr (访问日期 2022/02/08); https://onlinelibrary.wiley.com/journal/14676543 (访问日期2022/02/08)
[6] 我们将那些主要使用历史材料研究历史事件的论文归类为历史社会学论文，同时排除尽管使用了历史材料，但是研究议题明显属于其他领域的论文，如历史人口学、社会分层与不平等等议题。

会学论文中，有 40 篇（占比 85%）使用了定量数据与分析方法，其中有 30 篇（占比 75%）使用了比较复杂的统计回归或网络分析进行相关关系或者因果关系的检验。这说明第三类混合方法目前逐渐成为主流，定量方法已经成为历史社会学研究中的一种重要论证手段，并且对定量技术的要求也较高。

不过，这些论文的趋势也不一定就反映了历史社会学界的整体取向，而有可能仅仅只是反映了特定期刊的偏好。为了进一步了解历史社会学家对定量方法的使用情况，我们另外选择一个样本，那就是巴林顿·摩尔著作奖以及查尔斯·蒂利论文奖的获奖作品。[7] 2005 年至 2019 年间，在总计 23 篇查尔斯·蒂利获奖论文中，有 14 篇（占比 61%）使用了定量数据进行论证，尽管大多数只限于描述性分析，但其中仍有三篇论文使用了统计回归或者网络分析方法，而这三篇都发表于 2015 年后。一个有趣的事实是，其中有 20 篇发表于 AJS 或者 ASR，而这些论文在 2015 年前大多使用第一类混合方法，直到 2015 年后才开始使用比较复杂的定量技术。在 2002 年至 2019 年间的 23 本巴林顿·摩尔奖获奖著作中，有 15 本使用了大样本数据进行论证，大多数论著都采用了第一类混合方法，即使用定量数据描述趋势与典型事实，运用定性方法讨论因果机制。

概而言之，越来越多的历史社会学者在近年倾向于在其作品中使用定量数据与方法进行分析，这一趋势在期刊论文中尤为明显。这与近些年学者基于一手材料构建大样本数据库的努力分不开。另一方面，定量技术的发展，尤其是电脑计算能力与分析软件的普及也极大地降低了定量方法的使用难度（陈志武 2016；林展、陈志武 2021）。

---

[7] 参见 http://chs.asa-comparative-historical.org/awards/barrington-moore-book-award/（访问日期 2022/02/08）和 http://chs.asa-comparative-historical.org/awards/charles-tilly-best-article-award/（访问日期 2022/02/08）；样本均不包括提名著作或者论文。

表1 历史社会学论文中定量方法使用统计（2015—2020）

期刊名称	年份	总论文数	历史社会学论文占比	历史社会学论文中，使用定量方法的论文占比
AJS	2015	35	0.17	0.67
	2016	37	0.14	0.80
	2017	35	0.11	0.75
	2018	34	0.18	1.00
	2019	29	0.07	1.00
	2020	25	0.20	1.00
ASR	2015	46	0.09	0.75
	2016	48	0.10	1.00
	2017	44	0.09	0.75
	2018	42	0.07	1.00
	2019	40	0.03	1.00
	2020	36	0.06	0.50
JHS	2015	26	1.00	0.12
	2016	12	1.00	0.17
	2017	41	1.00	0.12
	2018	44	1.00	0.16
	2019	38	1.00	0.09
	2020	40	1.00	0.15

注：资料来源为 *American Journal of Sociology*，*American Sociological Review*，以及 *Journal of Historical Sociology*。具体数据可于作者主页下载：https://xiaoming-zhang.wixsite.com/academics/about。

三、定量方法的优势

定量方法在刻画典型事实、确定相关关系以及论证因果关系等方面有其独特优势，这也是为什么近些年历史社会学者越来越倾向于使用定量方法。这一节我将结合具体案例来进行详述。

1. 描述典型事实，揭示宏观趋势

定量方法将事实浓缩成数据，让我们对一些相对"客观"的特征或宏观趋势有更直观的了解，从而为定性分析提供基础。在历史社会学的经典作品中，我们经常看到这样的论证方式。例如，迈克尔·曼在描述军事压力如何推动国家转型时，通过对 12 世纪至 15 世纪英国王室的财政收入与支出数据的分析，发现从 12 世纪晚期开始，欧洲早期国家之间战争形态的升级——尤其是雇佣兵对自带装备来履行封建军事义务的骑士的取代——导致军费猛增，政府税收开始超越王室领土收入成为主要财政收入来源，这最终推动了英国公共财政的出现（Mann 1986，425）。由于定量方法在描述趋势特征方面的优势，很多社会科学著作都使用定量数据来辅助分析，第一类混合方法也是历史社会学研究中最常见的分析模式，这里我们不做过多介绍。

定量方法的另一大优势在于能够回答使用定性方法无法回答或者难以清楚回答的问题。例如，在关于春秋战国时期战争形态的研究中，赵鼎新绘制了发生于公元前 722 年至公元前 643 年的战争的地理分布与交战网络（Zhao 2015，115, Figure 4.1）。通过分析战争的空间网络，作者发现春秋时期实际存在四大局部战区，即以齐国为中心的东方（中原）战区，以楚国为中心的南方战区，以晋国为中心的北方战区，以及以秦国为中心的西方战区。齐、楚、晋、秦四国在各自战区都面临周围国家的军事威胁与挑战，四大战区相对分隔，不存在单一国家占据主导地位的情况。这一发现挑战了传统史学认为春秋时期存在前后相继的几任霸主的陈见（Zhao 2015，115）。从交战双（多）方的地理网络中，作者进一步发现，齐、楚、晋、秦之所以能够拥有军事优势，一方面是由于其效率驱动的文化转型，另一方面则是这四国都位于四大战区的地理边缘，使得这四国不会在多个方向面临军事威胁。对定量数据的灵活运用可以使我们避免历史书写者在描述史实时所夹杂的偏见，这一点在作者关于晋楚争雄的分析中展现得尤为精彩。利用位于晋楚两国中间位置的赵国与两国的结盟年数、两国主动军事进攻次数与征战距离等定量指标，作者巧妙地捕捉了两国的实力差异，因为胁迫战略中间国与其结盟的能力以及能够主动发起进攻并进行长距离征战的能力，都说明该国在各国间的政治影响力与军事实力上都更具优势。通过这些定量指标，作者发现楚国在两国争雄中实际更占有优势，而非如一些历史学者所认为的，晋国是具有主导地位的霸主（Zhao 2015，120）。

在利用大样本数据推翻既有成见方面，艾德林的一项研究提供了很好的范例（Eidlin 2016）。他探讨了一个经典话题：为什么美国没有工党？传统的"政党反映理论"（Reflection Model）认为政党的产生是对社会已有的政治文化、制度与"社会裂痕"的反映，而美国的个人主义传统、总统制的选举体制以及阶级内部分立是导致美国没有产生工党的主要原因。为了回答这一重要问题以及检验传统理论，作者比较了美国与加拿大两国工党的历史发展路径。美国与加拿大的地理位置临近，在社会经济环境方面也存在诸多相似性，但是美国一直未能发展出工党，而加拿大却形成了新民主党（工党），因此两国的差异能够帮助我们检验之前的理论是否有经验支持。为了追溯两国工党发展的历史，作者首先收集了两国1867年至2009年间独立左翼第三党（Independent Left Third Parties）的支持率数据。[8] 通过绘制简单的曲线图，作者发现了一个十分令人惊讶的事实，即两国独立左翼第三党的支持率并非从一开始就有着截然不同的发展路径，而是在某个时点之后才出现明显分流。具体来说，在"一战"前，美国独立左翼第三党在本国的支持率要高于加拿大。从"一战"爆发到20世

---

[8] 按照该文作者的定义，"独立左翼第三党"包括所有不属于主流政党（如美国民主党与共和党，以及加拿大的自由党与保守党），且带有左翼意识形态的政党。

纪 30 年代之间，加拿大独立左翼第三党的支持率出现剧烈波动，而美国却相对稳定。关键的历史节点出现在 20 世纪 30 年代，此后独立左翼第三党在美国的支持率迅速下降，而在加拿大却不断上升（Eidlin 2016，3，Figure 1）。这对"反映理论"提出了挑战，因为无论是两国的政治文化还是选举体制短期内都没有变化。为解释这一事实，作者提出了"政党匹配理论"（Articulation Model of Parties）。这一理论认为，政党在结构约束下的政治动员策略是解释两国工党发展差异的关键因素。具体来说，20 世纪 30 年代的大萧条使得两国都爆发了大规模的工人与农民抗议，然而两国执政党对此却有着截然不同的应对策略。在此过程中，两国形成了不同的政治联盟形态以回应执政党的处理政策，因此塑造了之后两国工党截然不同的发展路径。在美国，罗斯福及其领导的民主党对劳工运动采取了"吸纳"与同化策略，通过新政将劳工与农民这一"被遗忘阶层"纳入政治同盟。这一策略加剧了劳工内部分化，同时瓦解了公众对左翼政党的支持与政治认同。而在加拿大，在位的自由党与保守党都采取了"强制策略"。工人与小农场主被排斥在政策之外，从而给工农联盟的形成提供了发展空间与机会——此间形成的合作联邦联合会（Cooperative Commonwealth Federation）便是加拿大新民主党（工党）的前身。由此可见，即便是简单的描述性统计，也能帮助我们发现重要问题。

2. 确定相关关系

除了利用定量数据描述趋势特征，学者也可以通过分析不同变量之间的相关关系，来为因果论证提供基础。这对应于第三类混合方法，也是定量研究中常见的模式。例如，在研究民族国家起源、传播以及对战争形态的影响这一话题时，学者威默尔与其合作者构建了包含 145 个国家从 1816 年到 2001 年间数据的数据库，其中包括是否与何时转型为民族国家、战争形态（国家间战争、内战）等变量。⑨基于这个数据库，作者观察到以下事实。第一，19世纪初，帝国、王朝国家、部落联邦以及城市国家是主要的国家形态，而到20世纪末，几乎所有国家都采取民族国家形态（Wimmer 2012，2，Figure 1.1）；民族主义成为民族国家主要的合法性来源，而同一民族内部的国民平等享有政治权利的诉求，则成为大众政治的基础。第二，直到19世纪初，国家间的争霸战争、领土扩张、王位继承都是主要的战争导火线；而到20世纪末，超过四分之三的战争是源于民族独立或者国家内部族裔间的争端（Wimmer 2012，3，Figure 1.3）。第三，以民族国家的形成为重要时间节点来进行观察，会发现一国在该节点前后战争爆发的概率极高，并且这一概率在民族国家形成之后逐渐下降。这三个典型事实勾画出了世界历史上极其重要的政治图景，并揭示了民族国家兴起与战争形态之间的密切关系。

基于这些典型事实所呈现出的相关关系，威默尔认为，起源于19世纪欧美的民族国家背后的发展动力在于，当时国家间激烈的军事竞争压力使得发展出一套能够充分动员底层民众的政治话语成为精英的策略性选择。民族主义主张国民拥有同一民族认同，享有平等的政治参与权利；同时，作为交换公民权的条件，承担如税收与兵役等国民义务。这使民族主义成为一种理想的意识形态工具，被精英所采纳。这种工具一方面提高了精英动员资源的广度与深度，另一方面也使得民众更有政治参与感与认同感，这使其迅速成为一种统治合法性的基础，也重塑了精英与大众的关系，形成新的政治契约（Wimmer 2012，31）。而民族主义一旦被创造出来，就开始迅速地向全世界传播。这种传播以地缘网络为路径，如多米诺骨牌一样向相邻地区扩散。此后，民族国家建构的原因在很大程度上转变为外源性的，与其发展初始阶段

---

⑨ 作者以2001年的国家边界为基础来确定观测单位，反推其历史上的统治形态与战争形态。变量定义以及资料来源请详见Wimmer（2012，84）。

的内源性原因不同（Wimmer and Feinstein 2010；Wimmer 2012，73）。

当民族主义成为政治合法性来源后，就会产生强大的同构压力，使得民族国家成为国际舞台上政治体的主要组织形态，这一变化也改变了战争的形态，具体表现在以下几方面：首先，传统帝国内部的民族主义者策略性地使用该政治话语，以民族自决为原则，培育某种本地民族分裂势力的成长，最终发动独立战争以摆脱帝国统治——尽管某些地区也许并没有统一的民族认同与基础。其次，新建立的民族国家也面临挑战。一方面，在民族成分复杂、多民族混居的地区，民族国家之间的领土争议频仍；同时，当在位者以民族主义作为其统治的合法性来源后，他们也被赋予了对离散民族成员进行政治支持与保护的义务。这使得民族国家间的关系更加复杂，武装冲突时有发生。另一方面，民族国家内部不同族群之间也存在利益分配不均、政治权力失衡的情况，此时被排挤的族群与掌握政权的族群之间争端不断，以此产生的族群冲突——如驱逐、种族清洗——成为新的战争原因。这种情况更有可能出现在国家建构滞后的地区，因其无力提供平等的公共服务，只能以族群为界，建立歧视性的资源分配体系（Wimmer 2012，143）。当民族国家在全世界范围内兴起后，民族自决原则使得先前以领土扩张、王位继承为导火线的战争触发机制失去了合法性。因此当民族国家政权稳固之后，国家间的战争频率便开始下降，而剩余的战争多以民族独立以及国家内部族群冲突为主要的战争由头。值得一提的是，在威默尔构建的数据库中，国家无论大小，都构成一个样本点，占有同样的权重，这使得威默尔能够避免"欧洲中心主义"以及基于选择性个案分析而得出有偏的结论（Wimmer 2012，7）。

3. 历史自然实验与因果检验

历史社会学的另一个重要工作在于论证因果关系，以解释重要历史现象。如同其他社会科学一样，历史社会学的因果关系论证面临一个核心挑战，即研究者无法进行反事实观测（Holland 1986；King, Keohane, and Verba 1994，79；Imbens and Rubin 2015，6）。⑩换言之，当我们要论证事件 X 导致了事件 Y 的产生时，我们同时需要知道，如果事件 X 没有发生，事件 Y 是否就不会发生，以此估算出事件 X 发生与不发生产生的因果效应。当事件 X 发生并被我们观察到之后，事件 X 没有发生的这种状态就无法观测到，因此，我们无法"真正"进行因果检验。⑪为了解决这个问题，一个基本的思路就是，想办法构造出事件 X 没有发生的反事实案例。比如，在 a 案例下（或称为 a 样本）X 发生了，我们观察到 Y；我们希望可以在 b 案例下（或称为 b 样本）观察若 X 不发生，Y 是否也不发生。只要 a 与 b 在除 X 事件之外，其他条件非常相似，那么我们可以将 b 案例中 X 事件的不发生，近似地作为 a 案例中 X 事件发生的反事实结果。通过比较 a 案例与 b 案例中 Y 事件发生与不发生的情况，我们可以推测 X 事件是否是 Y 事件发生的原因。⑫当差异性案例或样本足够多时，其他因素对事件 Y 的影响就越来越随机，我们进而可以更加准确地获知 X 事件对于 Y 事件的影响。同时，我们也可以利用定量方法来检验 X 事件与 Y 事件之间的关系，而非逐个进行案例比较。

---

⑩ 本文从反事实框架定义因果关系，更多讨论请见Ivan（2019）；张扬（2020）。尽管我们可以进行反事实推理，但是这种思维想象无法真正回答。解释变量发生与未发生两种状态对于被解释变量（或者事件）的影响，有更多讨论可见Hall, Collins, Paul and Lewis (2004); Evans（2013）; Mahoney and Barrenechea（2019）; Gould（2019）; Zhang（2019）。
⑪ 反事实观测之所以重要，是因为如果事件A没有发生，我们仍然观察到了事件B的发生，那说明事件A不一定是导致事件B发生的原因，至少不是唯一原因。同时，如果知道了如果事件A没有发生的情况下事件B的状态，我们就可以估计出因果效应。
⑫ 但是，当我们看到b案例中，X事件不发生，Y事件也发生时，我们不能直接排除X事件是Y事件的原因这一结论，因为可能存在其他因素（在a，b中都存在）同时影响到了X事件与Y事件。因此我们需要更多的观测样本，更仔细地比较不同样本（或案例）之间其他因素的差异。

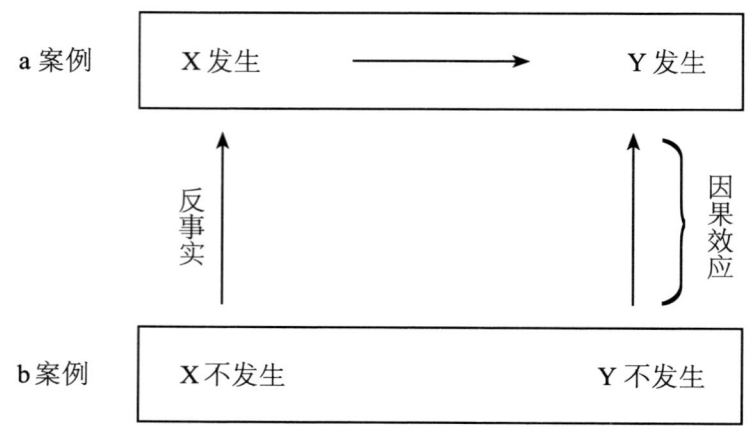

```
a 案例   ┌─ X 发生 ────────→ Y 发生 ─┐
         │                            │
         │反事实                      │因果效应
         │                            │
b 案例   └─ X 不发生           Y 不发生┘
```

图 1　反事实框架下的因果效应 [13]

因果关系的识别要求我们能够找到相似案例进行反事实推断，然而案例之间往往存在诸多不同，因此有相当多干扰因素（confounders）会影响到我们结论的可靠性。尤其是当某些干扰因素因不可知而被我们遗漏时，因果推断会遇到极大挑战。如果我们能够找到某个历史场景，存在两个相似案例（地区或者组别），由于某种历史偶然性，其中一个案例发生了外生变化或者具有某种特征（这个变化或特征及其导致的结果正是我们关心的），而另一个案例没有发生这种变化或没有这种特征，那么我们就可以利用这样一种"历史自然实验"（historical natural experiment）来检验该变化与特征对于我们关心结果的影响（Diamond and Robinson 2010；Cantoni and Yuchtman 2021，213-241）。这是近些年定量研究方法最为重要的进展。

下文以笔者与陈雨新、王海骁的一项研究为例，尝试部分说明这一方法的进展（Chen，Wang，and Zhang 2021）。我们的研究试图回答以下问

---

[13]　由于无法观测实际的因果效应，图中为随机因果效应。

题：中央政府加强国家能力（如税收、征兵）的种种尝试往往会因受到地方精英的抵抗而失败，这是因为地方精英控制了大量的资源——如土地与人口，加强国家能力的改革直接冲击了他们的经济利益（Acemoglu and Robinson 2000）。那么，前者如何克服后者的敌视与抵抗，从而推动中央化改革呢？我们的经验研究对象是中国南北朝时期北魏冯太后主持下的一场加强国家资源控制力的改革（485—486）。这场改革推出了包括均田制、三长制在内的一系列措施，极大地提高了北魏政权对基层社会的渗透以及对财政与军事资源的控制。[14] 这场改革被认为奠定了中国再统一的基础，其制度遗产被隋唐帝国所继承，影响极其深远（周一良 1997；von Glahn 2016；阎步克 2017，192-193；Xiong 2019）。然而这场意在与地方社会争夺资源的改革为什么能成功，历史学家对此却语焉不详。

我们的核心假说是：北魏采取了一种政治补偿策略，吸纳了大量原先位于中央控制薄弱地区的世家大族进入北魏政权任职。[15] 这一策略使得因受到改革冲击而经济利益受损的地方精英可以变成政治上的获利者，由此减轻了他们对于改革的抵触。为了证明这一观点，我们从《魏书》以及新出南北朝墓志铭中，整理了活跃于北魏时期（386—534）的 2590 位政治精英的履历信息，包括其姓名、族属、郡望、籍贯地、仕宦经历等。在研究设计上，我们利用了南北朝时期两个重要的政治特征。第一，中古时期的世家大族拥有极高的社会地位与家族声望，在地方社会扮演了极其重要的角色。因此，改革能否成功很大程度上取决于北魏政权是否能争取世族的支持。第二，由于当时战乱频仍，许多地方豪强与世家大族纷纷建立准军

---

[14] 均田制是指国家通过将无主荒地国有化，并且将土地分配给自耕农耕种以交换赋税与劳役，从而强化北魏政权的征税能力。而为了更好地征收赋税与进行户籍登记，北魏推出了三长制，即在县以下派驻国家直接任命的公务人员（里长、乡长、党长）以推动编户齐民体系的建立。

[15] 世族是精英的一部分，精英还包括鲜卑贵族、其他部落贵族以及其他汉族精英。

事建筑——坞堡，以图自保。围绕着坞堡，地方世族建立了诸多自治组织，并以此控制周边的流民与土地，形成一个稳定的利益集团。坞堡的存在反映了国家对该地薄弱的控制力与渗透力，北魏改革本质上就是中央统治者与坞堡地区的世族争夺资源的一场政治博弈。因此我们的假说可以进一步细化为：相对于坞堡地区的其他类型精英以及相对于无坞堡地区的精英，那些来自坞堡地区的世族应该更有可能得到政治补偿，进入政权任职。

我们利用双重差分估计策略（Difference-in-differences）来检验假说。我们通过比较改革前后来自坞堡地区的世族与无坞堡地区的精英进入北魏政权任职的数量，来证明世族之所以被吸纳进政权是由于政治补偿的需要，以减弱他们对新政的抵抗。在这个识别策略中，坞堡地区是我们重点关心的地区，也称处理组（treatment group）。[16] 我们首先要比较坞堡地区与无坞堡地区的精英进入政权的差异，其中后者构成了我们的反事实案例，也称之为控制组或对照组（control group）。[17] 更重要的是，我们不仅比较坞堡地区与无坞堡地区，还比较了这两个地区改革前后世族进入政权的概率，因为如果只比较地区差异而不考虑时间差异，只能得出坞堡地区世族更有可能被吸纳进政权这个结论，但不能证明北魏是为了顺利推行改革才吸纳受改革冲击地区的世族这一假说。因此，同时比较空间与时间上的差异，使得我们的因果论证更加有力。

我们的研究也确实印证了这一假设。首先，在改革前，坞堡地区的世族与无坞堡地区的精英相比（包括世族与非世族精英），进入政权的概率没有统计上的显著区别（见图2）；然而在改革后，坞堡地区进入政权的世族数量相对其他地区多出四倍之巨，并且进入政权的这些世族品阶较高，也

---

[16] 如果我们只观察坞堡地区是否有世族精英被吸纳到北魏政权，那么我们就无法得出有意义的结论，因为也许无坞堡地区的精英（包括世族）有同样的概率被吸纳进政权，那么很难说这是一种补偿策略。
[17] 我们使用建立于四世纪的坞堡，作为该地世族是否有强大地方控制力的标志，以避免反向因果问题。

更有可能担任高级职位。尤其是，坞堡地区的世族大量担任吏部的官职，通过所掌握的人事任免权，构建世族政治网络，从而持续地再生产其所获得的政治权力。我们也发现，改革后进入政权的坞堡世族晋升概率更大，且没有发现北魏对这些世族进行系统性清洗的记录。通过这样一种研究设计，我们证明了北魏为了顺利推行改革，确实采取了政治补偿策略，并且这种补偿策略也非常成功。[18]

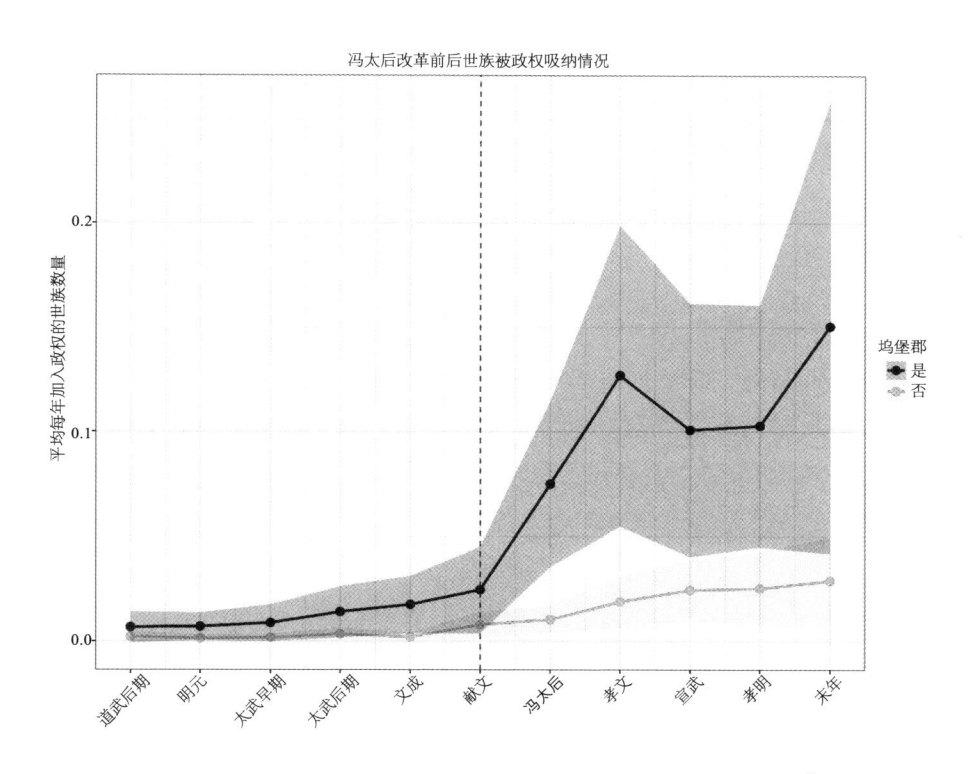

图 2 改革前后，坞堡地区与非坞堡地区进入政权的世族人数变化[19]

---

[18] 具体来说，我们的研究发现，这一策略确实导致了北魏国家能力的提高。比如，我们发现改革后新设了大量的县级行政单位，由于人口在短时期内不会迅速增长，这些新设的县是为了管理之前被世族精英所控制而不在国家编户齐民体系下的隐匿人口；并且，我们发现，有更多地方世族被吸纳到北魏政权任职的地方，该地新设的县就越多；更重要的是，我们并没有发现，改革导致国家渗透力提高的这些地方，发生更多的世族或者民众反抗，说明改革确实极其成功。

[19] 灰色线表示无坞堡地区进入政权的世族数量，黑色线表示坞堡地区进入政权的世族数量，阴影为95%置信区间。

这种双重差分的研究策略，利用了两组对照组来作为反事实案例，从而证明处理组内含的因果关系。这种策略的好处是，并不要求控制处理组与对照组的所有区别，只要求这种区别是稳定的，即这种区别不会在改革之前扩大或缩小，这被称为平行趋势假设。这种方法在定量研究设计中被广泛使用，尤其适用于研究改革这种同时有地区与时间差异的事件。类似的定量方法还有断点回归、匹配方法等，研究者可以通过一些事件或数据结构特征，来寻找反事实案例。[20]

4. 定量研究中的竞争性假说处理

定量方法还可以控制干扰因素（confounding factors），排除竞争性假说。由于社会科学的过度决定特征（赵鼎新 2021a，92），同一事件的产生可能有多个原因，因此我们可以提出非常多的干扰因素或竞争性假说，这使得我们的因果推断变得十分困难。例如，在北魏改革的研究中，一个可能的竞争性假说是，改革后政府急需高质量人才以推行新政，而世族在当时被认为更有治理才能。因此，当我们观察到改革后更多世族精英进入政权，这完全有可能是出于对高质量人力资本的需求，而非政治补偿。为了检验以及排除这个假说，我们对北魏精英的才能特征进行了研究。根据史书的描述，我们将才能分为六个方面，包括军事才能、民政治理才能、制度建设才能、文学才能、天资禀赋以及廉洁与否。例如，《魏书》中，对崔浩（清河崔氏）的描述是，"少好文学，博览经史……朝廷礼仪、优文策诏、军国书记，尽关于浩"。从这段描述中可知，崔浩在文学与制度建设方

---

[20] 更多讨论请见 Angrist and Jörn-Steffen（2008）。

面具有较强的才能。[21]在对所有精英的才能特征进行编码赋值后,我们可以比较改革前坞堡地区与无坞堡地区精英在上述六个方面是否有区别。如果有显著区别,那么从政差异很可能来自他们的能力区别。[22]而我们的研究发现,在改革前,坞堡地区与无坞堡地区世族精英在才能方面没有显著区别;更重要的是,在改革后,坞堡地区的世族甚至在民政治理才能、制度建设才能、文学才能与天资禀赋等方面,要弱于无坞堡地区的世族。这说明北魏政权吸纳这些世族的动机,不是因为其才能卓越,而是出于补偿其在改革中所受损的经济利益。[23]

  定量方法之所以能够更好地处理某些竞争性假说(尤其是能够进行量化描述的假说),在于其将复杂的社会互动简化为某类明确的统计检验。通过检验相关性,某些竞争性假说就可以被排除。即使无法排除,我们也能通过控制变量的方式,剥离竞争性假说的影响,从而识别解释变量与被解释变量的因果关系。而定性的比较方法虽然也可以讨论竞争性假说与干扰因素的影响,但当同时存在若干个影响因素时,定性的讨论则往往力有不逮,难免顾此失彼。再以威默尔的研究为例。民族国家起源是历史社会学的经典议题,大师辈出,学说林立。如经济现代化理论认为,农业社会向工业社会转型是民族主义起源的关键原因(Gellner

---

[21] 读者也许会担心,历史书写可能会故意抬高世族的声望,更有可能留下溢美之词,因此我们捕捉到的并非世族真正的才能,而是虚假的吹捧。我们确实无法排除这种可能性,但是这种历史书写的"偏差",并不会影响我们的论证,因为只要历史书写者系统性地夸大了所有世族精英的能力,而非只夸大坞堡地区的世族,那么我们的比较就有意义(没有史学证据说明这种情况存在)。因为我们比较的是,同样身为世族,来自坞堡地区与来自无坞堡地区的世族在才能上是否有区别,这是影响我们因果论证的核心替代性假说。

[22] 我们首先比较了世族与非世族之间在才能上是否有区别。我们发现,的确,世族在文学与制度建设才能上要明显优于非世族,而在军事才能上,要弱于非世族,在其他方面则两者没有区别,这与传统历史叙事非常契合,说明我们的定量赋值没有系统性的偏误。

[23] 我们也排除了其他替代性假说,例如不同地区的地理特征、世族人口增长过快导致更多人进入中央任职;世族被征召进入政权作为人质;世族人口迁徙与假冒问题;班俸制改革等等,详见论文。

1983）[24]，而政治现代化理论认为战争驱动的国家统治方式转型是民族国家形成的核心动力（Tilly 1994；Mann 1995；Hechter 2000）；文化现代化理论（cultural modernization）则提出，印刷技术提高了大众识字率与阅读水平，使得一种共同的群体想象成为可能，这是民族主义能够兴起的先决条件（Anderson 1991）；世界政体理论（world polity theory）认为民族国家出现后，迅速成为世界文化体系中一种主流模式，民族主义构成一种重要的政治合法性来源，迫使其他社会精英不得不采取同样的政体形式（Meyer et al. 1997）。作者威默尔的理论可以总结为一种权力构型理论（power configuration theory），即国家形式的转变是不同社会政治团体竞争的结果，受到不同政治团体之间权力均势的影响，因此民族国家的建立取决于民族主义团体能否充分动员大众，取得权力优势，同时也取决于执政团体的压制能力，以及相邻地区民族国家建立所带来的同构压力。

　　面对诸多竞争性假说，如何检验作者观点的解释力？作者首先利用所收集的数据对各种竞争性理论的经验推论进行变量赋值，然后采取多元逻辑回归模型（Multinomial Logit Regression），对这些竞争性假说进行统计检验。具体来说，作者以每一千平方公里的铁路长度作为经济现代化理论的代理变量；用政府对某个地区的财政支出作为直接统治（政治现代化）的度量指标，用识字率作为文化现代化的度量指标；用某地区是否是一国内自治区或独立政区来度量区域认同；同时作者利用某帝国内、世界范围内或者邻近地区民族国家的数量以及比例作为区域同构压力的度量指标；利用区域以及帝国内的战争频率来捕捉战争对当政者的冲击；此外，作者用距第一个民族国家成立后的年数作为各地区受到民族主义者挑战强度的度量指标；最后，作者以战争相关因素数据库（Correlates of War, COW）

---

[24] 经济现代化理论认为工业化需要工人接受通识教育，能够在不同职业间转换，并且参与匿名的市场，而教育的普及推动了一种同质化的文化氛围，为民族主义的起源提供了条件。

中国家能力指标来捕捉该国压制民族主义运动的能力。[25] 作者依次将这些指标放入回归模型，最后发现，与经济现代化、政治现代化、文化现代化以及世界政体理论相关的变量都不具有统计显著性，或者与理论预测的方向相反，而作者所提出的权力结构假说得到了经验的支持。作者发现，某帝国内民族国家建立的数量以及临近地区民族国家建立的数量越多，该地区成为民族国家的概率就越大，并且某国距离第一个民族国家建立的时间越久，意味着其进行民族主义动员越充分，该国成为民族国家的概率也越大。因此通过将不同理论的经验推论放到同一个回归模型进行检验，我们可以排除竞争性假说。

四、定量方法的局限与应对策略

尽管定量方法在发现典型事实、识别因果关系方面有其独特优势，学者在运用定量方法的时候，也面临一些挑战，包括度量误差、样本选择以及因果检验的前提假设等等问题。定量学者对此有清醒的认识，同时也试图通过新的方法与估计策略来回应这些挑战。需要注意的是，上述问题是大多数经验研究都会遇到的挑战，无论是定量还是定性方法都应严肃对待。定量方法将事实浓缩为数据，以数据为核心（data-centered）进行经验研究，更容易忽视上述局限，需要格外警惕。[26]

---

[25] 该指标反映一国在世界经济与军事权力格局中的占比。关于变量定义与数据来源请见Wimmer and Feinstein (2010)。
[26] 更多对定量方法的批评请见Brady and Collier (2004); Mahoney and Rueschemeyer (2013); Mahoney and Thelen (2015)。

1. 度量问题

定量研究将复杂的社会互动化约为变量之间的统计关系，极大地降低了学者解释复杂社会现象的难度。然而这种"降维"方式毫无疑问会带来"失真"问题，即统计变量不一定能够完美捕捉我们想要研究的理论概念（King et al. 1994，151）。如，国家能力这一概念原指国家执行其政策目标、实现其意志的能力（Mann 1984；Skocpol 1985，9），这意味着国家能力是一个结果导向的概念，国家政策目标能否实现是衡量国家能力强弱的重要尺度。然而结果导向的概念往往不好度量；不同国家在不同发展阶段的政策目标相异，该概念也缺乏跨时空可比性。目前，学者（尤其是定量学者）在研究国家能力时，往往使用国家所掌握资源（如财政资源）的多寡，或是否有一套完善且高效的官僚体制来衡量国家能力（e.g., Dincecco and Katz 2016）。这背后隐含的假设是，国家所掌握的资源越多，组织能力越强，实现其政策目标的能力也就越强。然而，资源投入与目标实现之间不一定存在必然联系。对复杂概念的简单量化也许会忽视一些重要的理论面向。例如，以资源投入为基础来度量国家能力，也许会忽视国家与社会的互动关系。当国家与社会处于良性互动，或者国家统治合法性较高、政府的政策受到民众的广泛支持时，即便政府资源不足，国家的政策目标也容易实现；反之，如果国家-社会关系恶化，即使政府资源充足，政策执行也将面临巨大挑战（Weiss and Hobson 1995）。

又如，在上文提到威默尔等人的研究中，作者试图检验诸多竞争性假说，因而对不同假说都寻找了代理变量以进行统计检验。然而作者所找到的代理变量能否度量其他学者所提出的理论概念，本身是值得讨论的。如单位平方公里的铁路总长是否能够反映一国的经济现代化程度，以及更根本的，铁路总长与民族国家的关系是否能用来检验经济现代化理论的核心命题，即经济现代化促进了民族国家形成，都有非常多的讨论空间。数据质量不佳或数据无法度量理论变量等问题，都会造成度量误差。[27]一般来说，度量误差越大，得出的定量结论就越不可信。尤其是，当度量误差由某种社会结构内生决定时，我们的因果推断将面临严重挑战。

面对变量度量方面的挑战，常见的应对策略包括寻找更好的研究设计，识别度量误差的来源以做出调整，等等。同时，我们也可以构造若干个替代性度量来检验研究结果的稳健性。例如，在中国中古史研究中，世族是一个存在争议的概念。如何定义世族，史无明文，学者对此也有诸多辩论。毛汉光对中古中国统治阶层的社会成分进行分析时，就将与世族相关的一个概念——士族——定义为三世中有二世居官五品以上家族，或柳芳所认定的"郡姓"、"虏姓"与"吴姓"，以及正史中所提及的大族（毛汉光1988，34）。[28]我们的研究将世族描述为：某个精英的所属家族有成员在前朝正史（即《后汉书》《三国志》与《晋书》）中有单独的传记。我们认为，如果某个家族的成员能够进入正史列传，那么该家族至少在当时是被认为拥有广泛政治与社会影响力的。然而，家族事迹是否进入正史，以及是否拥有单独传记，也会受制于正史编纂者的主观判断与当时一系列政治考虑，因此我们使用了另外一个更加严格的定义来描述世族，那就是：如果某个精英所属家族在北魏前的朝代中，有家族成员担任过宰相、上师与三公等高级职位，则该精英被定义为世族。由于是否担任过高级职位这一信息相对客观，并且在当时的背景下，能够担任该职位的政治人物一般为大族显贵，因此该度量方式更严格。

我们也同时考虑了另外两种可能的度量误差问题。比如，中古贵族的

---

[27] 之所以选择"铁路总长"这一指标，一方面是由于经济现代化理论认为高流动性的劳动力市场促进了一种跨地域的共同体意识的形成，而铁路系统是该市场发育的重要前提；另一方面则是相对于劳动力流动，铁路的数据更易得，且度量误差更小，详见Wimmer and Feinstein（2010，773）。

[28] 不同于世家大族，士族指进入政权之后世代任官的群体。关于中古世族的讨论请见：Johnson（1970）；Tackett（2014，27）；甘怀真（2012）。

权力需要在地缘环境之中得到体现，其姓氏与家族起源地，即"郡望"中的"望"与"郡"，是相互结合的，它们共同组成了某家族称著于世的重要标签。但是由于战乱，不少世家大族不得不举家迁徙，而导致居住地与原籍分离，因此该家族真正的权力来源将无法捕捉。我们的一个处理策略是将居住地与原籍分离的精英样本剔除，以避免将离开原籍地，因此社会权力受到极大冲击的精英也错误地认定为世族。另外，由于郡望在标识精英归属与社会地位等方面的重要作用，不少精英可能通过假称其家族来自某郡，以获得社会认同与政治地位。这样的假冒行为造成了另外一种度量误差问题。为应对这一挑战，我们把史书中出现"自称"或者"自云"郡望为某处的精英剔除出样本，因为该精英很可能是（或者被怀疑是）谎报了其真实的家族归属情况。我们使用这种武断的剔除方式，可能会低估真实的世族人数，从而使得结论成立的概率下降了。如果在这种情况下，我们的结论在统计上仍然成立，那么可以说明我们的结论是相当稳健的。总之，当我们做出了不利于我们结论的假设，并且使用多个度量方式，仍能得出一致结论，这无疑会大大增加我们结论的可信性。[29]

2. 样本选择问题

无论是定性还是定量方法都面临样本选择问题。尽管定量方法基于大样本统计，一定程度避免了极端案例或者特殊案例对于研究结论的影响，但是不恰当的样本选择仍将影响研究的可信性。因此，样本选择——尤其是如何处理幸存者偏差问题——是历史社会学研究中的一大挑战，这是由其经验材料的历史属性决定的。我们无法影响到材料的生成过程，甚至无法获知哪些因素影响到了材料的生成。对于这类问题，我们首先要对材料

---

[29] 但是这种方法使得研究结论的精度会下降，比如解释变量对于被解释变量作用大小的具体数值就会受到影响。度量误差一般包括系统性与非系统性误差，不同的误差形式对因果推断的影响不同，更多讨论请见King et al.（1994，151）。

的可靠性保持警惕与怀疑，尤其需要注意该材料的生成过程与我们所关心的问题之间是否有内在关联；其次，在研究对象的选择上，要尽量避免基于幸存案例的比较，以及扩大样本选择范围，从而增加差异性；另外，好的研究设计也能够一定程度上避免样本选择偏误对因果估计的挑战。

样本选择的典型偏差是依据被解释变量选择样本。比如研究革命时，如果我们选择所有出现革命的国家作为分析样本，会导致所观察到的经验现象没有差异性（所有样本都发生了革命）。因此在进行因果推断时，会出现相当大的挑战。正如上文所述，因果效应的估计依赖于对反事实案例的构造与比较，因为我们希望能够观察到所关心的经验现象在发生与不发生之间产生的差异。依据被解释变量选择样本，无疑会限制这样的比较。不过，历史社会学的方法论导向，尤其是对"求同法"与"求异法"的运用，使得学者对差异性事件非常敏感，因而这类选择偏差不容易出现（Moore 1966；Skocpol 1984，410）。

样本选择偏差的第二种类型是幸存者偏差问题（survivorship bias）。如果某些经验观察对象的记录丢失，或只有某类事件被刻意记录与保留下来，那么基于幸存材料所做的推论就可能存在偏差。这种情况在历史研究中尤为普遍，因为历史材料的生成往往带着历史书写者的主观意识，也会受制于当时的社会经济环境，因此我们能够观察到什么材料是被内生决定的，而非随机事件。因此，研究者需要对历史材料的生成过程做详细的分析，了解不同历史材料的属性与背景。我们尤其需要警惕当历史材料与案例的生成与我们所关心的核心变量直接相关的情况。例如，蒂利曾敏锐地指出，学者往往通过一种"回溯式"的研究方法（retrospective）来总结欧洲民族国家的形成规律。他们在19世纪末或者20世纪的历史节点上进行观察，基于英国、法国以及西班牙等一小部分幸存下来的国家来回溯历史，从而总结民族国家形成的规律。这样的样本选择方式会导致我们过分强调了一小部分案例的作用，从而认为民族国家形成只有一种方式。但实际上，在1500年的时候，欧洲有超过500个政治实体，其国家演进的道路各不相同。因此，蒂利主张"前瞻式"（prospective）的研究方法，即站在事件发生的起点来探索不同的国家发展道路，以及为什么只有民族国家最后生存下来了（Tilly 1975，15；1992）。

3. 定量研究中的前提假设

定量研究中大量运用统计回归方法检验因果效应。然而因果推断依赖于一些关键假设，如果在应用之前没有很好地进行讨论，可能会导致推断失效（King et al. 1994，91；Brady and Collier 2004，41）。因果推断的第一个假定是因果效应同质性假定（causal homogeneity），该假定是指，给定同样的自变量值，我们应该观察到相同的因变量期望值（expected value）。也就是说，我们在不同样本或者案例中都应该观察到同样的因果机制。如果我们在不同样本中，因果机制不一样，比如该因果机制只在某些样本中或者某一时间段成立，那么我们就无法用所有样本进行统计推断。因此历史社会学中的定量研究要注意不同历史时段中因果机制的稳定性，以及宏观结构与微观机制之间的关系（赵鼎新 2021a，74）。一般来说，只有在宏观结构比较稳定的前提下，我们所提出的因果机制才具有强解释能力。当宏观结构出现总体变化时，微观机制的重要程度以及作用方式也会发生变化。此时，如果我们对于结构变化以及该变化对机制的影响不做分析，可能夸大我们所提出机制的解释力。如威默尔关于民族国家的研究，时间跨度将近两百年（1816—2001），其间帝国竞争格局与主导意识形态发生了巨大变化，这对民族主义性质的转变产生了重要影响。而威默尔的研究对这些宏观结构变化及其互动关系却缺乏细致的分析，使得我们很难认定是民族主义的传播导致了帝国的垮台，还是帝国政治的变化导致了民族主义的发展（赵鼎新 2021c）。当然，某些机制可能具有内在稳定性，对宏观结构的变化不那么敏感，如特钦等人提出的人口-结构机制对于解释前现代农业帝国的垮台就具有很强的理论稳健性（Goldstone 1991；Turchin 2003）。㉚

因果推断的第二个假设是条件独立假设（Conditional Independence Assumption, CIA）。这个条件要求解释变量的取值不受被解释变量取值过程的影响，两者的取值是独立的（King et al. 1994，94；Imbens and Rubin 2015，257）。也就是说，那些影响到被解释变量变化的因素，不能同时影响到解释变量的变化，否则，我们无法证明被解释变量的变化是由解释变量的变化导致的。然而，我们关心的对象往往是由诸多社会因素所决定，因此解释变量本身很难外生变化，那么一个基本的策略就是进行变量控制。当我们控制了那些明显影响解释变量发生变化的因素后，可以近似地认为解释变量的变化是外生的，从而观察解释变量的变化如何导致被解释变量的变化。当然，由于社会现象的复杂性，我们无法控制住所有影响因素，因此总会出现遗漏，而这种"遗漏变量"导致的解释变量内生性问题，也会影响到因果推断的有效性，此时需要用到更精巧的研究设计来解决内生性问题，如上文提到的历史自然实验或者工具变量法。

因果推断的第三个假定是观测值独立（Independence of Observations），或者稳定的单位处理值假定（The Stable Unit Treatment Value Assumption,

---

㉚ 人口-结构模型（Demographic-Structure Theory）认为（农业）帝国建立后，承平日久，不可避免带来人口扩张，这产生了如下削弱帝国统治的机制：第一，在土地报酬率递减的规律下，人口增长最终会超过土地承载力，导致农业社会的人均产出下降；第二，平民人口增加，导致地租上升，劳动力工资下降，平民与精英之间的不平等扩大，同时，青年群体失业率提高，将引发如粮食骚乱与劳资争议等社会不稳定现象；第三，精英人口增加，以及所控制土地的产出下降，促使精英加强对平民压榨，也导致精英间竞争加剧，这进一步推动政治派系的形成，而无法进入体制内的精英群体，开始积累不满情绪；第四，土地报酬率递减与人均产出下降，削弱了国家财政汲取能力，逐渐臃肿的政府机构使得政府财政支出不堪重负，最终导致政府对军队控制力下降。此时，没有被吸纳进体制内且有政治抱负的精英与不满的民众结合导致中央权威的崩溃与社会失序。（Goldstone 1991; Turchin 2003）通过对诸多帝国的定量分析，特钦发现这一规律在前现代社会十分稳健。

SUTVA）。这个假设要求不同样本之间不存在相互影响，也就是说，a 样本中 X 事件是否发生，不会影响到 b 样本中 Y 事件是否会发生。㉛ 这个假设实际上排除了社会互动，尽管在一些情况下这是不现实的假定，尤其是当我们想要研究的对象是不同行为主体之间的互动关系或者某事件的溢出效应时。如果我们所关心的问题不是社会互动，而只是样本内的因果效应，那么即便存在溢出效应，我们也可以通过一些统计方式来加以控制。比如，使用空间自相关稳健标准误（Spatial Autocorrelation Consistent Standard Errors）来调整空间溢出问题（Conley 1999），以及通过聚类稳健标准误来处理时间维度的自相关问题。另外一个应对策略是，我们可以选择不在同一空间的主体作为分析样本，这样就直接回避了行为主体之间互动的可能，比如，使用地理上不相邻的样本。此外，我们还可以用更高层级的单位作为我们的分析主体。比如，当我们的分析单位为县，而县与县之间存在溢出效应（学习、竞争等互动行为），那么我们可以使用市或者省为分析单位，这样不同市或者不同省之间的县互动频率相对更低，以此减弱溢出效应的影响。

五、总结性评述

　　传统历史研究以时间序列为核心进行叙事，关注重要人物与事件的历史展开，以及对后续事件的影响，而历史社会学通过将结构与机制引入对历史事件的分析，扩展了人们对重要历史现象的解释力，也为社会学经典议题提供了新理论与新思路，在最近几十年受到了学界广泛关注（Skocpol

---

㉛ 否则，我们无法获知，b样本中，Y事件的变化，是否是由b样本中的X事件变化导致的，还是由a样本中的X事件导致的。

1984）。然而，比较历史分析一个广受诟病的缺陷在于案例之间的可比性问题（Lieberson 1991），尤其是位于不同时空，在宏观结构与微观运行机制方面都存在诸多差异的案例。这种比较方法会使得在一些案例中原本不重要的机制，在学者的理论关照下被提升到核心地位，从而忽视该机制背后的历史情景。学界的批评使得早期以"大结构、大过程和大比较"（Tilly 1989）为重点的历史社会学研究式微，学者开始关注历史或然性、社会行动者的主体性以及核心事件与过程的历史展开，而放弃了对结构的关注。从这一角度来说，定量方法，尤其是其在研究设计上的进展，也许能够帮助学者进行更有意义的比较分析，从而找回"结构"。另外，目前实证研究已从单维度的数据结构，如时间序列与截面数据，发展到双维度的数据结构，也就是既包含时间维度也包括空间（或单位）维度的面板数据。更丰富的数据结构使得学者可以同时利用时间与空间维度的变异来进行因果检验，避免了"没有时间的横向比较"导致的缺乏历史感（赵鼎新 2019）。同时，利用面板数据结构特征，学者还可以通过固定效应排除一些不随时间或者空间变化的干扰因素，如地理因素、宏观瞬时冲击等，这极大地降低了因果论证的难度。

尽管近些年历史社会学广泛使用定量数据与方法进行分析，但对因果推断内生性以及研究设计的关注仍稍显不足。正如上文所述，定量方法的优势不仅在于描述典型事实，更在于使用巧妙的研究设计帮助学者排除竞争性假说，进行因果推断。尤其是近些年在定量社会科学广泛采用的因果识别策略，如双重差分、断点回归与工具变量法，极大地改进了定量研究的可信度与严谨性，而历史社会学的研究尚未完全吸收这些前沿进展（Angris and Pischke 2010；Gangl 2010；陈云松、范晓光 2010）。这种"忽视"也许是由学科特点决定的。一方面，历史社会学的历史属性使得学者较难收集系统的定量数据，而早期历史社会学者又较为关注宏观跨国案例，这使得研究对象缺乏足够的差异性与样本量，从而无法进行统计推断。另一方面，新一波的历史社会学将文化与意义等因素引入研究之中，关注行动主体与历史的或然性，而这些概念往往难以量化，这无疑也限制了定量方法的使用（Adams, Clemens and Orloff 2005；严飞 2019；郦菁 2020；钱力成 2020）。尽管如此，定量方法在因果论证方面的独特优势仍值得更多的重视。㉜

　　社会现象往往是复杂的，多种因素交互塑造了我们的经验研究对象。多因多果是社会科学的本质特征。定量方法虽然在识别相关关系、应对因果识别中的内生性挑战等方面着力甚多，然而统计分析只能告诉我们变量之间的关系是否具有概率学意义。社会科学的本质特征提醒学者要对历史情景以及因果传导链条有充分讨论，即哪一个机制、如何起作用，其背后的结构性条件为何，以及同样的因果关系在不同场景下的异质性等等（Clemens 2007；赵鼎新 2021b）。而这些正是定性历史社会学者所推崇的"置于历史情景之中的案例比较"（contextualized comparison）与对因果链条的"过程追踪法"（Process Tracing）的优势所在（Mahoney and Thelen 2015）。更重要的是，方法要服务于问题，根据不同类型的研究问题以及发问方式，需要灵活采取不同论证工具。总而言之，综合定量与定性方法进行论证，充分还原历史场景的复杂性以及规律性应是可取的方向。

【参考文献】

陈云松、范晓光，2010，《社会学定量分析中的内生性问题——测估社会互动的因果效应研究综

㉜ 值得注意的是，复杂的定量因果识别策略要求学者能够找到恰当的研究场景，比如某种历史外生冲击。然而不是所有的研究议题都可以找到外生冲击以便使用最新的定量技术，这种"方法导向"的研究取向会限制学者的选题，因此历史社会学对前沿定量方法的"保守性"一定程度让学者避免研究方法对学术想象力的束缚。

述》,《社会》第4期。

陈志武,2016,《量化历史研究的过去与未来》,《清史研究》第4期。

甘怀真著,2012,《身份、文化与权力——世族研究新探》,台北:台湾大学出版中心。

侯旭东,2002,《北朝"三长制"四题》,《中国史研究》第4期。

郦菁,2020,《知识研究与历史社会学》,《清华社会学评论》第12期。

林展、陈志武,2021,《量化历史与新史学——量化历史研究的步骤和作为新史学的价值》,《史学理论研究》第1期。

毛汉光著,1988,《中国中古社会史论》,台北:联经出版事业公司。

钱力成,2020,《历史社会学中的文化与意义》,《清华社会学评论》第12期。

严飞,2019,《历史社会学的第四波思潮:议题与趋势》,《广东社会科学》第3期。

张扬,2020,《历史变迁中的因果性与耦合性》,《清华社会学评论》第12期。

赵鼎新,2019,《时间、时间性与智慧:历史社会学的真谛》,《社会学评论》第1期。

——,2021a,《什么是社会学》,北京:生活·读书·新知三联书店。

——,2021b,《质性社会学研究的差异性发问和发问艺术》,《社会学研究》第5期。

——,2021c,《帝国政治和主导性意识形态:民族运动的起源、发展和未来》,《二十一世纪》第188期。

周一良著,1997,《魏晋南北朝史论集》,北京:北京大学出版社。

朱天飚,2015,《〈社会科学中的研究设计〉与定性研究》,《公共行政评论》第4期。

Abrams, Philip. 1982. *Historical Sociology*. New York: Cornell University Press.

Acemoglu, Daron and James A. Robinson. 2000. "Political Losers as a Barrier to Economic Development." *American Economic Review* 90(2): 126–130.

Acemoglu, Daron., D. Cantoni, S. Johnson, and James. A. Robinson. 2010. "From Ancien Regime to Capitalism: the French Revolution as a Natural Experiment". from Jared Diamond, and James A. Robinson (ed.). *Natural Experiments of History*. Cambridge (MA): Harvard University Press.

——. 2011. "The Consequences of Radical Reform: The French Revolution". *American Economic Review* 101(7):3286–3307.

Adams, Ann Julia, Elisabeth Stephanie Clemens, Shola Orloff, and George Steinmetz. 2005. *Remaking Modernity: Politics, History, and Sociology*. Durham: Duke University Press.

Angrist, Joshua D., and Jörn-Steffen Pischke. 2008. *Mostly Harmless Econometrics*. Princeton: Princeton University Press.

——. 2010. "The Credibility Revolution in Empirical Economics: How Better Research Design is Taking the Con out of Econometrics". *Journal of Economic Perspectives* 24(2): 3–30.

Anderson, Benedict. 1991. *Imagined Communities: Reflections on the Origin and Spread of Nationalism*. London: Verso.

Bates, Robert H., Avner Greif, Margaret Levi, Jean-Laurent Rosenthal, and Barry R. Weingast, 1998. *Analytic Narratives*. Princeton: Princeton University Press.

Brady, Henry E., and David Collier (ed.). 2004. *Rethinking Social Inquiry: Diverse Tools, Shared Standards*. Washington DC: Rowman & Littlefield Publishers.

Cantoni, Davide, and Noam Yuchtman, 2021. "Historical Natural Experiments: Bridging Economics and Economic History." from A. Bisin and G. Federico (ed.). *The Handbook of Historical Economics*. Salt Lake City: Academic Press.

Chen, Joy. Erik H. Wang, Xiaoming Zhang. 2021. "Leviathan's Offer: State-Building with Elite Compensation in Early Medieval China". Available at SSRN (https://papers.ssrn.com/sol3/papers.cfm?abstract_id=3893130)

Clemens, Elisabeth S. 2007. "Toward a Historicized Sociology: Theorizing Events, Processes, and Emergence." *Annual Review of Sociology* (33): 527–549.

Conley, Timothy G. 1999. "GMM Estimation with Cross Sectional Dependence." *Journal of Econometrics* (92): 1–45.

Diamond, Jared and James A. Robinson (ed.). 2010. *Natural Experiments of History*. Cambridge: Belknap Press of Harvard University Press.

Dincecco, Mark and Gabriel Katz. 2016. "State Capacity and Long-run Economic Performance." *The Economic Journal* 126(590):189–218.

Ermakoff, Ivan. 2019. "Causality and History: Modes of Causal Investigation in Historical Social Sciences". *Annual Review of Sociology* (45): 581–606.

Eidlin, Barry. 2016. "Why is There No Labor Party in the United States? Political Articulation and the Canadian Comparison, 1932 to 1948". *American Sociological Review* (81):488–516.

Evans, Richard J., 2014. *Altered Pasts: Counterfactuals in History*. Waltham: Brandeis University Press.

Gangl, Markus. 2010. "Causal Inference in Sociological Research." *Annual Review of Sociology* (36):21–47.

Gellner, Ernest. 1983. *Nations and Nationalism*. New York: Cornell University Press.

Goertz, Gary, and James Mahoney. 2012. *A Tale of Two Cultures*. Princeton: Princeton University Press.

Goldstone, Jack Andrew. 1991. *Revolution and Rebellion in the Early Modern World*. Berkeley and Los Angeles: University of California Press.

Gould, Mark. 2019. "History is Sociology: All arguments are Counterfactuals." *Journal of Historical Sociology* (32): 1–10.

Hall, John, David Collins Edward Jonathan, Laurie Ann Paul, and David K. Lewis, 2004. *Causation and Counterfactuals*. Cambridge (MA): MIT Press.

Hechter, Michael. 2000. *Containing Nationalism*. Oxford: Oxford University Press.

Holland, Paul W. 1986. "Statistics and Causal Inference." *Journal of the American Statistical Association* 81(396): 945–960.

Imbens, Guido W., and Donald B. Rubin., 2015. *Causal Inference in Statistics, Social, and Biomedical Sciences*. New York: Cambridge University Press.

Jackson, Michelle, and David R. Cox. 2013. "The Principles of Experimental Design and Their Application in Sociology." *Annual Review of Sociology* (39): 27–49.

Johnson, David George. 1970.*The Medieval Chinese Oligarchy: a Study of the Great Families in Their Social, Political, and Institutional Setting*. Berkeley: University of California.

King, Gary, Robert O. Keohane, and Sidney Verba. 1994. *Designing Social Inquiry*. Princeton: Princeton university press.

Lachmann, Richard. 2013. *What is Historical Sociology?* Cambridge: Polity Press.

Lieberson, Stanley. 1991. "Small N's and Big Conclusions: An Examination of the Reasoning in Comparative Studies Based on a Small Number of Cases." *Social Forces* (70): 307–320.

North, Douglass C., and Barry R. Weingast. 1989. "Constitutions and Commitment: the Evolution of Institutions Governing Public Choice in Seventeenth-century England." *The Journal of Economic History* (49): 803–832.

Mahoney, James and Gary Goertz. 2006. "A Tale of Two Cultures: Contrasting Quantitative and

Qualitative research." *Political analysis* (14): 227–249.

Mahoney, James and Rueschemeyer Dietrich (ed.). 2003. *Comparative Historical Analysis in the Social Sciences*. New York: Cambridge University Press.

Mahoney, James and Kathleen Thelen (ed.). 2015. *Advances in Comparative-historical Analysis*. New York: Cambridge University Press.

Mahoney, James and Rodrigo Barrenechea. 2019. "The Logic of Counterfactual Analysis in Case-study Explanation." *The British Journal of Sociology* (70): 306–338.

Mann, Michael. 1984. "The Autonomous Power of the State: Its Origins, Mechanisms and Results." *European Journal of Sociology/Archives européennes de sociologie* (25): 185–213.

——. 1986. *The Sources of Social Power: A History of Power From the Beginning to AD 1760 (Vol. 1)*. New York: Cambridge University Press.

——. 1995. "A Political Theory of Nationalism and its Excesses." from S. Periwal (ed.). *Notions of Nationalism*. Budapest: Central European University.

Mayrl, Damon, and Nicholas Hoover Wilson. 2020. "What do Historical Sociologists Do All Day? Analytic Architectures in Historical Sociology." *American Journal of Sociology* (125): 1345–1394.

Meyer, John W., J. Boli, G.M. Thomas, and F.O. Ramirez. 1997. "World Society and the Nation-State". *American Journal of sociology* (103):144–181.

Moore, Barrington. 1966. *Social Origins of Dictatorship and Democracy: Lord and Peasant in the Making of the Modern World*. Boston: Beacon Press.

von Glahn, Richard. 2016. *An Economic History of China: From Antiquity to the Nineteenth Century*. New York: Cambridge University Press.

Weber, Max. 1930. *The Protestant Ethic and the Spirit of Capitalism*. New York: Scribner.

Weiss, Linda and John M. Hobson. 1995. *States and Economic Development: a Comparative Historical Analysis*. Cambridge: Polity Press.

Wimmer, Andreas and Yuval Feinstein. 2010. "The Rise of the Nation-State across the World, 1816 to 2001." *American Sociological Review* (75):764–790.

Wimmer, Andreas. 2012. *Waves of War: Nationalism, State Formation, and Ethnic Exclusion in the Modern World*. New York: Cambridge University Press.

Skocpol, Theda.1984. "Emerging Agendas and Recurrent Strategies in Historical Sociology". from Theda Skocpol (ed.). *Visions and Method in Historical Sociology*. New York: Cambridge University Press.

——. 1985, "Bringing the State Back In: Strategies of Analysis in Current Research" from Skocpol, Theda, Peter Evans, and Dietrich Rueschemeyer (ed.). *Bringing the State Back In*. New York: Cambridge University Press.

Tackett, Nicolas. 2014. *The Destruction of the Medieval Chinese Aristocracy*. Taipei: Harvard University Asia Center Publications Program.

Turchin, Peter. 2003. *Historical Dynamics: Why States Rise and Fall*. Princeton: Princeton University Press.

Tilly, Charles. 1975. *The Formation of National States in Western Europe (Vol. 8)*. Princeton: Princeton University Press.

——. 1989. *Big Structures, Large Processes, Huge Comparisons*. Russell Sage Foundation Publications.

——, 1992. *Coercion, Capital, and European States, AD 990–1990*. Cambridge: Basil Blackwell.

——, 1994. "States and Nationalism in Europe,1492–1992." *Theory and Society* (23): 131–146.

Xiong, Victor Cunrui. 2019. "The Northern Economy." from Albert E. Dien and Keith N. Knapp (ed.). *The Cambridge History of China*. New York: Cambridge University Press.

Zhang, Yang. 2019. "Thinking Counterfactual Sequentially: A Processual View of Counterfactual in Historical Sociology." *Journal of Historical Sociology* (32): 15–21.

Zhao, Dingxin. 2015. *The Confucian-Legalist State: A New Theory of Chinese History*. New York: Oxford University Press.

书评
BOOK REVIEWS

王朝基层控制、乡村社会秩序与帝国逻辑
评鲁西奇《中国古代乡里制度研究》

周雪光[①]

所谓的"乡里制度"是由"乡"和"里"构成的乡村控制制度,是王朝国家立足于统治的需要而建立的,其目的包括控制乡村民户与地域、最大程度地获取人力与物力资源、建立并维护乡村社会秩序等。本书纵贯古代中国不同时期的乡里制度及其延续和演变,并重点关注了乡里制度的思想基础、其实践的地域差异及社会意义等问题。周雪光教授撰写的该文从乡里制度与基层社会秩序、帝国内部一统性与多样性并存趋势等视角出发与该书进行了富有启发的对话。

中国古代乡里制度研究
鲁西奇 著
北京大学出版社(2021)

---

① 周雪光,斯坦福大学李国鼎经济发展讲座教授(the Kwoh-Ting Li Professor in Economic Development)、社会学系教授、斯坦福大学国际问题研究院高级研究员,长期研究当代中国社会的制度变迁、组织与管理、社会不平等和国家-社会关系,著有《组织社会学十讲》、《中国国家治理的制度逻辑:一个组织学研究》、*The State and Life Chances in Urban China: Redistribution and Stratification, 1949–1994* 等。

鲁西奇教授的《中国古代乡里制度研究》可谓恢宏大作：16 开本，700 余页，82 万字；上始于西周、春秋战国，下至明清、民国；从经史文本、各家学说到文物考证，从整体性描述到专题探究，从史料辨析到史观阐发；以点带面，深入开掘。这本著作对历史上中国国家的基层控制制度的文献有重要贡献：作者在这一领域中的梳理考证硕果累累，提供了整体性和系统性资料；这一主题连接了国家建构领域中的若干重大研究问题，如国家建构的向下延伸（皇权下县）、基层社会秩序、一统性与多样性等课题，为学界提供了进一步研究与思考的诸多线索和启发。

我自告奋勇写这个书评，有几重动机：其一，这个题目与我的研究有关，我希望能够借此机会汲取知识，激发思路；其二，我知道读史学专著门槛极高，欲置己于难堪之地，以便认真阅读思考；其三，近年来我陆续接触到这个专题的文献，有些想法，也想借此机会整理一下，和史学同人对话。要说明的是，这是一本史学著作，作者着力于就相关主题进行各种史料考证和史学阐释。我非史学科班出身，对这些专业性研究成果的评定不能置喙，本文仅仅是从社会科学的角度对本书的内容和意义加以解读和讨论。

作为王朝基层控制的乡里制度

长期以来，关于中国国家建构历史的研究文献有头重脚轻和碎片化之嫌。所谓"头重脚轻"是指，国家上层诸方面，从人事、事件到制度和思想，均得到极大关注，但有关国家控制的基层实践的知识则甚是匮乏，许多领域近乎空白。近年来蓬勃发展的地方史、家族史、法律史等领域不时展示出基层控制和组织的不同侧面，但对中国这样一个有着复杂多样性和漫长历史进程的大国来说，这些研究工作所涉及的方面实在是不及万一。所谓"碎片化"是指，这一领域中的史学成果多以断代史或专题研究呈现，不同朝代间边界重重，全貌难窥。在这个大背景下，鲁西奇教授的这本著作对中国历史上王朝统治的基层组织制度——乡里制度——做了系统、细致的发掘和整理，极大地推进了这个领域的知识积累。作者阐述了这一主题的意义："乡里制度乃是王朝国家统治的基础。"（p.5）进而，书中引史学家白钢之言指出："乡村社会实行乡里制行政管理，这是古代中国不同于中世纪西欧的地方。"（p.5）王朝统治的基础要素，如赋税劳役、教化治安等均建立在乡里制度之上，可谓社会根基所在。

如书名直白所示，本书是一部关于中国古代乡里制度历史演变的研究著作。依作者定义，"所谓'乡里制度'，简言之，就是由'乡''里'构成的乡村控制制度，是王朝国家立足于统治的需要而建立的、县级政权以下的、直接或间接地控制乡村民户与地域，以最大程度地获取人力与物力资源，建立并维护乡村社会秩序的控制制度（p.6）。"作者如此界定本书的研究范围："乡里制度属于行政管理制度"，因不同朝代而异。作者区分了"乡村自治制度"与"乡里控制制度"，强调"前者是在诸种形式的乡村豪强力量的主导下，建立并维护乡村社会的秩序，其目标在于最大可能地占有乡村经济与社会资源；而后者则是王朝国家权力自上而下地控制乡村社会，建立并维护国家统治的秩序"（p.14）。这一著作主要着眼于后者。

这一著作的文本阐述和讨论点面结合，深入浅出，颇有特点。除了"绪论"与"结语"两章，其他有关不同朝代乡里制度的六章内容，起始于《周礼》乡里制度，从西周时代及春秋战国流变，历经秦汉、魏晋南北朝、隋唐、宋辽金元，下及明清，溢至民国，按照历史时期依次安排，追溯历史脉络，展示了乡里制度的演变过程。各章起始，着眼于所涉朝代有关乡里制度的重大问题，以文献脉络为线索，概括评估前人所论，然后从前人未及的缝隙之处，引出尚未解决的研究问题，进行深入的研究发掘。作者在写作过程中，通常在"技术性"的考证辨析之后，特意设置专门章节（书中有章，章中有节）对这些研究结果加以总结概括，彰显意义。文中大量引用一手史料，均辅以当代语言转述解说。文笔表达直接清晰，虽以专业风格写就，但非专业的学者亦可阅读理解。

这是一部研究性专著，有关各个朝代乡里制度的呈现与讨论，作者在认定学界"共识"的基础上，进一步探讨新的问题，辨析新的史料，澄清未决的疑问，展现出严谨的研究风格。例如，第一章从《周礼》起始，追根溯源，发掘西周史料（也包括金文材料），从国野之间的差异来辨识上古时代的基本组织方式，如闾、里、邑、族的意义。随后延伸到对于西周时代乡里控制架构的讨论，及至春秋战国时期这些制度在各国的流变，特别是从以血缘为基础到以地缘为基础的转变。在第二章"秦汉制度"中，作者不是依通常说法，简单地从汉承秦制来"由汉推秦"，而是依据"可信的秦国与秦代史料来呈现秦国和秦代的乡里制度"，特别着眼于秦在统一六国后，将其乡里制度推行至六国故地这一历史过程，来考察其间体现出的区域间差异性。例如，作者借用"秦令"与"楚俗"之别来辨析秦的乡里制度在统一后在楚地的实施情况，从"秦式乡里制度在楚东国故地的实行"的时间性（p.172），注意到"秦的行政效率相当高"（p.175），并仔细辨析汉代乡里制度的细节，如乡廷的驻地，乡司与游徼、亭长间的关系，等等。

作者有选择地在不同空间或时间点上深入开掘。例如，第三章中关于汉末期间"祭酒为治"的考证，提出汉中地区在汉末以宗教组织取代旧有的乡里组织（pp.262-268）。再如，第六章一开始即沿着洪武三年"小黄册"在各个州县志所记载的不同空间和时点，勾勒出明朝初期乡里制度的扩散轨迹。从"小黄册"到黄册里甲制度的转变和实施，进一步展示出基层组织建构的不同制度渊源，及其在实施过程中产生的区域多样性。②作者随后将这一研究视角延续至清代里甲制度在江汉平原各州推行和扩散的历史过程。这些点的范围和深度不一，似乎取决于史料的可得性和作者的研究兴趣。

在史料使用上，大致上中古时期依据考古资料更多；而自明清以来，随着资料种类的丰富，家谱、方志等也被广泛使用。在各章节中，既有细致的资料发掘和呈现，又有谨慎合理的推论考量。例如，根据《隋书》所记的民情骚动情节，作者指出："士卒亡命，郡县急捕，正说明江南诸郡县已有较为可靠的户口籍账系统，官府可依据籍账征发兵丁民夫。"（p.378）这些深入开掘提出了许多新的认识，如"亭"的专业化转变，"乡""里"等行政称谓所指及其规模演变以及它们在行政控制架构中的位置变动，等等。

本书的一大特点是作者发挥"区域历史地理研究"之长，从纵向时间性差异和横向区域性差异两个维度，对一统性与多样性这一主题做了淋漓尽致的展现和阐述。在纵向上，各章节以历史朝代为时间轴线依次展开。在横向上，历史地理视角提供了贴近地面的观察，也因此更多地展现了区域间多样性特点。作者长期从事汉水流域、江汉地区的历史地理研究，这些微观细致的观察和研究为这本著作提供了丰富的资料。其中，作者特别关注乡里制度在不同地区的差异性和演变性，这一主题贯穿全书始终。以第四章"隋唐乡里制度"为例，本章一开始就着眼于隋代乡里制度在不同区域的扩展以及所现出的差异。隋文帝开皇三年入据新宫前后颁布的关于乡里制度的诏书特意对山东北齐故地与其他地区加以区别。作者也注意其上承（北魏）下传（唐代）的纵向变化。及至唐代，作者提出了其间乡里

---

② 黄册（赋役黄册）是明洪武十四年开创的户籍与赋税之法的制度；小黄册，则是指此前于洪武三年在南方部分地区试行的赋役之法。

控制制度的"圈层图"概念，详细地描述和讨论了不同类型的区域和控制形式（乡里制度）。这一时空维度的比较框架贯穿全书各个章节。

作者展现了一幅幅缤纷多彩的历史图景：不同时点上制度安排的消长兴衰，各种背景、机制和群体的交互作用，以及由此带来的不同区域的地方性色彩。作者将诸多重大问题编织入国家建构过程的一统性与多样性这一主题之中，贯穿历史不同朝代和全书各个章节。

总体来说，在这本专著中，作者在已有文献的基础上博采众议，照顾到了整体性，也有梳理文献之效。但有关文献的叙述和讨论，主要服务于作者的研究需要。文献内容的详略处理，为本书研究问题所驾驭，或融于研究讨论中，或依惯例放在脚注中。各个主题的处理依作者的研究兴趣所及而深浅详略不一。大致的风格是，前人足迹已至则略，自己研究开掘则详。因此，这不是一般意义上的文献综述或通史性质著作。

王朝乡里制度与基层社会秩序：延伸讨论

这本著作的学术背景是关于历史上国家向下延伸的程度和方式，即"皇权下县"与否的讨论。在这一方面，作者持有鲜明观点：乡里制度是王朝国家权力在乡村地区的展开、运行及其制度性安排，而"中国王朝国家或帝制中国已经建立起不同形式的'乡村政权'"（pp.20-21）。本书在这方面提供了翔实、系统的证据和描述，使得我们可以在新的基础上进一步思考和讨论这一议题。

秦晖（2003）针对"皇权下县"与否的争论做了极为有力、富有洞见的阐释和讨论。他提出，在中国历史上，帝国体制早在秦汉时期即下沉至乡村，建构了基层社会秩序。他对中国古代史中宗族（家族）基础上的自治一说提出质疑。依汉代班固《白虎通》，宗族概念要义有二：一是父系世代之宗；二是聚合为亲之族。秦晖指出，依据长沙走马楼吴简（东汉末年至孙吴初）记载，在自然聚落的各个"丘"的赋税记录中，呈现出多姓杂居的状况，没有同姓宗族聚合而居的迹象。而其他的文物资料（如郑里廪簿、河西汉简、出土石碑、敦煌文书、唐代乡里文书等）也显示，西汉、魏晋至隋唐的基层社会没有宗族自治的迹象。秦晖考证地名学的资料发现，以族姓得名的村庄到了明清时代才大量出现。与此相对，史料中呈现的图景是乡吏人员规模编制可观。例如，据走马楼吴简记载，乡吏执官府之职，因过失为官府所治。这意味着皇权下沉至县以下基层。据此，秦晖指出："要之，'传统'的中国社会并不像人们通常想象的那样以宗族为本。而宗族以外的地缘组织，从秦汉的乡亭里、北朝的邻里党直到民国的保甲，都是一种官方对'编户齐民'的编制。"（p.78）

胡恒（2015）关于清代县辖政区的研究工作也在这个方向上做了重要的开拓。他依据各种官方和方志史料，从司法、人事、事务诸多方面考证了政府设施下沉于县辖政区的状况，特别是雍正中期以来县级佐贰官下沉至乡村要地，分管各个区域的状况。他提出，这些制度演变推动了国家向县以下基层社会的延伸，逐步具备了较完整的行政职能，进而对基层治理模式产生了深刻影响。这一趋势随着晚清民初乡村士绅阶层流失和国家向下延伸而更为加速和蔓延（杜赞奇 2003；罗志田 2014）。

鲁西奇的研究从几个方面丰富了这些文献：首先，这本著作系统地呈现了中国历史上长期存在自上而下的"编户齐民"制度，帮助我们在更为广阔的背景下认识"皇权下县"与否这一问题；其次，作者的细致研究追溯和刻画了基层制度建立、扩散的历史过程以及不同朝代间制度的延续和变更，展现出一幅幅更为丰富多彩的画面，也因此提出了新的研究问题。

已有西方文献中关于国家建构的讨论多着眼于近代欧洲国家，这是因为近代国家模式的雏形起始于此。在这些文献中，国家建构的路径体现为权力自下而上、由分散到集中的趋势（Anderson 1974；Finer 1997）。即使是高度绝对主义国家（如法国），如蒂利（Tilly 1986）所分析的那样，也经历了由分散的、各自为政的地方性权力逐渐集权于王室的漫长过程。然而，古代中国的国家建构，自秦汉至唐宋，在权力集中和组织架构上已经高度发达。与欧洲近代国家相比，中国国家制度设施尤其体现在对"人"的管制上，而乡里制度即是国家赖以汲取资源的基层社会组织形式。赋税劳役募兵之举自先秦以来业已建立，也就是说，皇权汲取资源的能力早已贯彻于基层社会。

进一步的问题是，在这些赋税劳役方面的资源动员制度之外，乡村社会的内部组织和治理是如何运行的？与官方的乡里组织和乡吏是什么关系？从这些方面来看，有关帝国基层控制的制度和实践仍有进一步讨论的空间。

钱穆先生（2001）谈及中国历代制度时说，政治应该从人事与制度两个方面来讲。从制度上，代皇帝执政的地方官员有教化、治安等职责。依此观之，可以想象国家控制随官吏足迹而深入乡村。但这些"硬性"制度和职位的实际运行状况是怎样的呢？历史上的基层社会行政区划（乡、里等）多有变化，但拘于史料，具体人员来源并不明朗，对其动机、行为和非正式运作等方面，史家知之则更少——至少在近代以前大致如此。可以确定的是，基层行政体制及其相关职位的性质经历了一个不断演变的过程。例如，梁方仲（2008）关于明代"粮长"制度的研究表明，"粮长"角色起初由纳粮大户充任，多有民间统领色彩。但随着时间推移，粮长沦为吏役，直至被废除。再如，乡里制度中的"三老"等职位是如何产生的？各种乡吏从何而来，代表谁的利益？鲁西奇著作中细致讨论了各种乡里制度，如关于秦汉"里父老"的考证（pp.189-194）。官方文本的史料通常从国家视角来审视当事人（如赋税户、人丁），而他们背后的社会关系和地权配置的信息细节往往缺失。这本著作也因此更多地着眼于对制度史料的细致考证和审视，但"人事"一面因史料所限而有所不及。

与此相关的是，我们对中国历史，尤其是对中国近古以前的历史的认识，主要依赖考古发现的文物史料。可以推测其中大多是官方文本记载，或者说带有官方眼光的、有关正式制度的记载。例如，睡虎地秦墓竹简所记的"盗马爰书"，据作者解读应当是上报给县廷的有关"求盗"的报告（p.122）。如此之类，在书中依凭的史料中分量最重。另一个合理的推测是，那些留下丰富官方记录的世家和区域，更有可能存在强盛的官方制度，因其史料丰富而更容易引起研究者的关注。不难想象，基层社会、民间活动的信息难以进入文字记录，因此也难以作为史料保存下来。如此，当我们主要依据官方资料来认识政府行为，则可能从国家的视角，更多地注意到其正式制度和行为。换言之，官方的乡里制度有案可稽，但它们在实际社会生活中发挥怎样的作用，仍然是一个有待回答的问题。

读完本书的一个印象是，鲁西奇致力于史料考证和辨识，但对史料意义、制度性质的阐释和讨论很是谨慎，未及展开。例如，隋代废乡官举措，应该是乡里制度演变的一个重要关头。作者对此虽有涉及（pp.362-369），但关注点放在史料辨析上，对其背后的意义以及文献中的不同解读未有聚焦讨论。胡恒（2020）整理了清代各时期朝廷围绕乡官设置的重大争论，其中透露出历史上乡官的角色和渊源。清代雍正皇帝令复议隋唐废弃的乡官制度时，鄂尔泰持有异议并提出，现有官员"远离桑梓，可杜徇私、报复诸弊也"，如添设乡官，"用本乡进士、举贡、生监、耆民人等，若辈世居其土，非亲即故，内有恩有德，亦有怨有嫌，一旦令其群居民上，予以事权，无论假公济私，施威市恩，料事所必有"（p.87）。两江总督端方、江苏巡抚陈启泰关于筹办地方自治局的奏折也写道："臣等以为周之闾胥、比长，与汉之三老、啬夫，虽命自国家，事殊团体，然其受任自选举而来，其用人必不出本郡。"（p.103）早在隋代废除乡官的争论中，其力主者李德林亦有同样看法："本废乡官判事，为其里闾亲识，剖断不平。"可见，废除乡官的一个重要考虑是，乡官不仅是王朝的基层控制工具，而且更多地代表了乡土利益。胡恒据此指出，虽然隋代与清代千年相隔，但看法何其相似，其背后体现出隋代以来国家治理面临的结构性矛盾始终存在。

以上讨论将我们的目光引向了基层社会中与乡里制度相对应的家族制度。乡里制度强调的是地域空间，而家族亦依附于地域空间。皇权和家族的关联早已发生，如秦代的二十等爵制（西嶋定生 2004）、东汉的豪族（杨联陞 2011[1936]）、魏晋家族（仇鹿鸣 2012；田余庆 2012[1989]）等。特别值得注意的是，（春秋及汉代）聚落"共同体"的邑里成员包括宗亲、外姻和朋友邻里，并非单纯由血缘因素构成，也不能只从地缘因素来解释，他们共同构成了聚落一体性和自主性的有机体（pp.205-206）。这些共同体虽然受到自上而下的乡里制度的侵蚀，但仍有内在凝聚的机制，如里闾祭祀与合饮的风俗以及均赋安排等。罗志田（2015）提出："故'郡县空虚'的形成，一方面是权收于上，另一方面则是对下放权。"（p.34）后者为士绅势力兴起提供了空间和正当性。随着隋唐宋科举制度兴起，士大夫阶层中滋生了新的家族延续机制，如文化资本的世代继承。

由此来看，鲁西奇著作中将官方乡里制度视为基层社会秩序主体的观点，值得再议。在近代基层社会的组织形态中，乡里制度与家族制度相辅相成，连为一体，构成了王朝统治的双轨政治架构。萧公权（2017[1960]）关于明清基层社会控制的研究，在关注治安监控的保甲体制外，还讨论了有关税收、救灾、思想控制方面的里甲、社仓和乡约制度，以及宗族等民间社会的共同体对这些控制的回应。他特别讨论了宗族与乡村控制，并引用 19 世纪学者汪士铎的话："聚族而居，家之幸，而国之不幸。小则抗粮殴官，大则谋反叛逆，皆恃人众心齐也。"（p.422）赵秀玲（1998）在《中国乡里制度》中专辟一章来讨论"乡里制度与宗法关系"。根据这些研究，是否可以做如下推测：类似的双重甚至多重的基层社会运行过程一直存在，只是到了近代，随着各类史料的丰富多样化，其细节和过程才更为清晰地呈现出来了？

鲁西奇对自上而下的皇权控制与自下而上的宗族势力间的关联有着清醒的意识（p.13）。他在第一章结尾已经明确提出了这一特征："血缘性的宗族与地缘性的乡里实际上联系在一起，'聚族而居'正典型地说明了此种联系。其中，血缘性反映了居住在一起的人群的内在关系，而乡里则反映了其同处于一地并属于同一管理单位的外在关系。因此，乡里乃是国家控制乡村民众的途径，而宗族则是民众群体内部自生的社会关联和组织形式。自西周以来，这两者就是有机地结合在一起的；春秋战国时期，这两者仍然是密切结合的，只不过是结合的方式略有变化而已。"（pp.112-113）作者在随后的讨论中区分了两者，着重于乡里制度，从而更多地强调了这一正式制度安排，但讨论的字里行间透露出家族或其他民间团体追求自身利益的举动，如明代江汉平原刘氏与林氏利用从事湖业的"业户"系统与州县里甲户籍纳赋应役系统相对分离的"制度性空隙"来获取更大利益。

以上讨论意味着，"皇权下县"与否，不是一个单维度的、定性的判断，需要多维度、不同层面的认识和评估，特别需要借助社会科学工具进行分析，从互动演变过程与机制着眼，从跨时段、跨区域、多维度的比较中进行评估。将鲁西奇的著作放在这个大的文献脉络中讨论，可以指出以下基本认识：其一，乡里制度、基层统治古已有之，以不同形式持续下来，它集中显示了皇权的稳定存在和象征性意义，以及国家建构向下延伸的稳定制度安排；其二，家族制的重要意义历史上一直存在，是利益共同体所在，其社会整合作用似乎在近代尤为凸显；其三，乡里制度与家族制度可能有复杂多重的关系，既矛盾紧张，又密切关联、互为依托。而且，两者互为抵触、互为竞争的状况反而可能会推动各自的内聚力，而不一定是彼此抑制和削弱。我们需要从两者的关系中认识乡里制度和基层社会秩序。

从帝国逻辑看一统性与多样性并存的长时段趋势

从西周、春秋战国时代到 20 世纪初的清末，乡里制度这一基层控制制度在中国大地上以各种形式延续了两千余年，贯穿了中国国家建构的历史过程。在这个意义上，这本著作的主题与布罗代尔（2008[1969]）提出的"长时段甚至是超长时段的历史"不谋而合。布罗代尔指出，长时段展示了长期趋势及其结构性和稳定性要素，其中的两大要素是地理环境和文化系统。"这些潜流的真正意义只有当人们观察到它们在长时间的作用时才会显现。惊天动地的事件常常发生在一瞬间，但它们不过是一些更大的命运的表征。而且只有根据这些命运，事件才能得到解释。"（p.4）"所有的周期、间周期和结构性危机都可能掩盖某些人称之为文明的系统的规律和持续性。这里所谓的文明，是指全部的旧思想和行动习惯，以及固定的模式。它们不易被打破甚至有时还反对整套逻辑。"（p.35）

伴随这个长时段的一个突出特点，也是鲁西奇著作的主题之一，是中国国家建构过程中的一统性与多样性并存。这主要体现在两个方面。其一是历史进程中制度安排的变与不变。如作者所说，一统性的主线，即长久以来国家建构延伸至乡村基层，自春秋战国至明清持久未变；但乡里制度的形式和内容随着朝代演变而不断调整修订、变动不居，从隋唐到明清，更不必说多国争霸的春秋战国、魏晋南北朝、宋辽金元时期。其二是空间维度上区域性差异的持续性，与历史进程的变与不变遥相呼应。作者在这个方面用力颇多，以大量笔墨来展示乡里制度在不同区域的多样性和演变过程。作者一方面指出各地区域差异性以及自上而下政策对地方的差异性对待，另一方面也强调在实行过程中的"趋同性"或"统一性"（p.386）。

长期以来，我们对国家向基层社会延伸和渗透的状况知之甚少，更多的印象是断代史中的一些片段镜头。鲁西奇的著作为我们展现了有关这一主题的长时段的历史进程，也提出了新的有待解释的问题：如何解释大一统正式制度与地方多样性并存的稳定态势？维系基层社会秩序的基础和机制是什么？是自上而下的国家行政力量，还是内生性机制，如家族利益或其他"共同体"利益？

关于欧洲近代国家建构的文献指出，国家间的战争和竞争是国家建构的重要推动力。鲁西奇著作中提供的丰富史料和点到为止的议论在这方面提供了启发和线索。乡里制度的早期形式产生于诸侯竞争的春秋战国时代，如赵鼎新（2006）所示，那是一个"全民战争"的时代，动辄数十万兵力投入。例如，《资治通鉴》卷十六所记，汉文帝朝间，吴王起兵动员令曰："寡人年六十二，身自将；少子年十四，亦为士卒先。诸年上与寡人同，下与少子等，皆发。"（司马光等 1956，520）不难推测，各国首领需要将其所属民众高度组织起来。军事动员导致劳务资源密集的社会组织形态在其他朝代亦时常可见，如文中记述的十六国北朝期间军民合一的府兵制。

然而，从长时段来看，这一观点不足以解释中国国家建构与乡里制度的关系：古时的诸侯国规模较小、层级扁平，易于编户齐民来加以组织。但是当国家规模扩大、层级增加，基层组织形式会产生怎样的困难和代价，又会导致怎样的应对措施，进而的问题是：在一统之后，军事动员压力消失，这些基层组织形式又会如何演变呢？

鲁西奇强调了国家意图以及自上而下的整体设计路径，即"历代王朝的乡里制度都是在这一总体原则和目标上涉及并制定出来的。……在研究过程中，我们将着意于对于此种'制度背后的思想（或理论、认知）'的探究与揭示"（p.17）。这一思路带有很强的理性预设的色彩，值得进一步讨论。

当代社会科学的一个重要推进是对国家、社会等宏观概念的微观基础的认识，特别是对其背后的多重利益和政治过程的分析解释。例如，政治学领域中有关利益集团、庇护主义、法团主义的分析研究；经济学领域中关于委托-代理以及相应的契约关系和制度安排的理论讨论；社会学领域中关于群体、分层、阶级与集体运动的研究，等等。由此来看，制度演变不完全是国家意志的体现和展开，也可能在其内在多重机制的相互作用中发生。

如书中所示，随着朝代更替，乡里制度不断调整演变，在同一朝代中甚至同一君主统治下，乡里制度的目标和政策也时有变动。乡里制度与国家攫取资源的目标高度相关，因此这一制度特别与人口户籍管理、土地分配有关。但国家目标不是一成不变的，经常在攫取与养民之间摇摆转变。而且国家目标是多重的，包括赋税、劳役、教化、治安等。表达国家意图的文字记载或许更多地反映了应然的理想状态，而不是实际运行状况。

不仅所谓的"国家意志"远不是稳定不变的，中间层次的官僚体制也带来了内在的多样性。通常认为，科层制组织具有标准化、可预测性等特点。但是，中国科层制度运行的终端产出，常常不是某种标准化产品（如统一的政策执行效果），而是地方官员因地制宜的灵活执行。我们从科举应试的内容、文官制度设置、人事流动特点等方面都可见一斑。换言之，中国官僚体制具有容纳和再生产多样性的内在机制。

制度实践多样性的另一渊源来自多样的地方性情形自下而上产生的压力和制约。而各地不同的民情集中体现在民众的地方性组织方式上，于是我们再次聚焦于家族。在鲁西奇的著作中，我们也可以捕捉到地方势力参与构建基层社会秩序的种种痕迹。例如，魏晋南北朝时期世家豪族"逐步积累势力，培育乡里基础"，借时事大变之际，"乃得因缘际会，乘时而起"（p.301）。近年来兴起的地方史和家族史研究极大地丰富了有关基层社会的知识，展示了皇权与家族的互动过程：一方面是自上而下推动宗族制度，以维系基层社会秩序；另一方面，各个家族借此获得官方的合法性，以保护和发展自身利益（刘志伟1997；科大卫2009[2007]）。即使在一统的里甲制度背景下，各个家族也大小不一、传统各异，在不同地区的组织程度也参差不齐——这些都蕴含了区域性差异的渊源。

在史学研究中，时有史料零散残缺之难，学者需要借助思想逻辑和概念工具连缀史料缝隙，扩展想象力来提出合理的推测（胡宝国2020）。依此精神，下面我从"帝国逻辑"的理论视角（周雪光2014）来进一步审视鲁西奇著作中展现的乡里制度，在更为广阔的背景中讨论一统性与多样性这一主题。

"帝国逻辑"理论以委托与代理、正式与非正式、名与实这三对关系来概括和刻画中国历史上国家治理的制度逻辑。这一理论的起点是，历史上中国国家治理因面临国土广袤、文化区域多样以及中央集权体制等状况，在中央-地方关系中面临更为突出的"委托与代理"挑战，即官僚体制内部与中央-地方间不同利益、不同信息分布会带来更为高昂的治理成本。在长期历史演变过程中，发展出了相应的应对机制和制度安排，特别体现在正式制度与非正式制度之间既相互依赖、又紧张制约的动态关系，象征性权力与实质性权力（名与实）在委托人与代理人间不时转化等一系列实际运行特点上。我们可以从"帝国逻辑"的理论视角审视乡里制度，提出一些新的思考线索。

首先，中国很早就建立了郡县制基础上的中央集权的一统体制，这是中国国家建构的基本特点。从帝国的顶层设计到基层社会的乡里制度，其间需要漫长的行政链条，都依赖于流动的官员代皇帝执政，这体现在驿站马背传递的指令和官员的足迹所及。流动的官员来到地方任职，通常面临语言不通、民情不谙等困境，且大多在位仅两三年时间，因而更多需要依靠稳定的地方性社会网络来执行公务。再者，国家不是铁板一块，其内部有不同派别和利益集团，这些群体在不断地分化组合和讨价还价。不难看到，从高高在上的皇权到基层社会的乡里制度，其中存在可观的委托-代理成本代价。

上述委托与代理的困难意味着，即使组织中的正式权威规定明确、规则周密，但其正式权力受到信息代价、交易成本等各种因素约束，亦不得不采取各种变通方式实施之，遑论信息交通技术低下的历史中国。例如，虽然税收政策通过自上而下的渠道制定推行，但各地实际状况的信息分散，若坚持一统要求则会使得信息成本高昂不堪，因此不得不将实质性权力下放到基层官员手中，于是导致了"原则上不让步，实施上不坚持"的状况（王亚南 1981），这从一个侧面提供了关于一统性与多样性主题的解读。

以上的讨论将我们的关注引向了正式制度与非正式制度之间的关系。我以为，二者的关系是帝国逻辑的核心所在：正是非正式制度的灵活运行维系了正式制度的稳定不变。这些理论线索引导我们通过正式与非正式这两个相辅相成的过程来认识乡里制度。如同其他正式制度一样，乡里制度有其正式设置和实际运行的两个侧面。虽然其正式制度在一时一地稳定不变，但在实际运行中可能更多地体现了非正式制度的渗入和影响，因此需要将这两个侧面结合起来加以评估。在这里，非正式制度在很大程度上与乡间家族制度相关联，如掌管教化的乡官（"三老"）正是介于正式与非正式之间。在费孝通先生（2012）提出的乡村"双轨政治"镜头中，一是官僚体制之轨，其正式之轨由中央至州县，而乡里（里甲）制度可视为其在乡村的延伸；二是乡村之轨，即士绅为首的家族或社区共同体。双轨间维持了一个松散关联的结构，其互动既兼容又紧张，既能配合协作又能通过博弈调整，为不同利益间的妥协以及容纳区域差异性提供了灵活性。可以想象，双轨关联程度在不同时空点不尽相同。在费孝通笔下，只是在晚清、民国时代，当代国家建构下沉至基层，人事任命的变化导致了乡里制度与家族制的本质性分离，更兼士绅大规模离弃乡村，双轨制度才陷入危机（参见李怀印 2008）。

与此相关的是，非正式制度也包括了弱者使用自己的武器对正式制度加以抵抗的各种形式（斯科特 2007[1985]）。这些抵抗形式不仅适用于当代社会，也应该适用于历史上的各个时期，只是具体表现方式不同（宋怡明 2019[2017]）。这些非正式制度、日常运作和抗争行为难以记录在案，因此难以进入研究者的视野。然而，离开这些非正式制度，我们也难以恰当地评估乡里制度的实际运行状况。

而且，正式权力也不是一成不变的，任何权力都有"名与实"或曰"象征性权力与实质性权力"这两种状态。这两种状态可能集中于一个行动者或机构，或分离于不同行动者/机构手中。从这个角度来看，即使乡里制度形式在某一时期稳定不变，其具体角色仍依国家与社会关系的松紧调节而变动不居，尤其体现在名与实间的转变，即象征性权力与实质性权力在乡里与家族之间的流动上。这些变动的机制和条件为何？鲁西奇的研究已经提供了许多线索。其一，乡里持有的权力随国家政策而变动，例如在汲取资源之际以"实"为重，以便确保完成任务；在宽松政策下则以"名"为主，以图抑制地方权力。如此，同一制度形式在不同时点上因名实不一而扮演不同角色。其二，实质性权力可能随皇权与地方性利益间的博弈而不断变化。当国家意志强大，专断权力重压而下，则非正式力量如家族势力受到抑制；当皇权衰落或统治不力，乡里制度随之不振，则家族共同体占有更大的主动权。其三，导致乡里制度名实不一的另一因素是乡里与地方共同体（宗族）之间的利益兼容程度。若两者兼容，则乡里制度强；若两者不兼容，则非正式制度会削弱乡里权力，后者更多地具有象征性意义；或者士绅以乡里制度之名，行宗族权力之实。这种名与实的转换可能是隐性的，即在稳定的乡里制度形式之下，实际权力随名与实关系变化而不断调整。

回到长时段趋势和"一统性与多样性"这一主题。鲁西奇著作提出了一个更大的问题：为什么朝代更替，但乡里制度大致不变？帝国逻辑的视角提出了有关一统性与多元性并存的一个解释。乡里制度的持续性一方面反映了中央集权国家的稳定存在，特别是国家与基层社会的关系未有实质性变化，包括土地制度、赋税劳役制度和基本的行政控制制度。另一方面，这种稳定性恰恰是因为这些制度安排和动态过程中蕴含了正式与非正式、名与实之间的关系转化，从而缓和了矛盾、释放了张力。随着正式制度与非正式制度、名与实之间的互动转化，乡里制度呈现出更多层次和色彩：正式制度上可能是一统的，但在非正式运作上则可能是多样的；在一定时点上乡里制度可能拥有实质性权力，但在另外时点上则可能有名无实，而实质性权力可能转移到家族共同体手中。更为重要的是，一统性与多样性相辅相成：一统提供了多样性变化的边界；多元提供了灵活性，使得一统得以存在。一统过于强大，则会导致矛盾激化、制度崩溃、朝代更替，从而推动乡里制度的更新重建；家族过于强大，则对皇权产生威胁，因而受到打击抑制。这些理论猜想提出了新的研究问题、解读史料的新可能性以及寻找新史料的线索。

国家向下延伸的乡里制度以及基层社会秩序——即鲁西奇著作的主题——已经成为重要的历史遗产，影响着当代中国国家与社会双重建构的历程。仅举两个例子说明。在 20 世纪 80 年代，集体经济时代结束不久，政治学家许慧文讨论了当代中国国家向下延伸的情况（Shue 1988）。她提出了"蜂窝状结构"概念，即基层社会中村落的社会结构体现为各有自己的圈子，犹如蜂窝中一个个小孔，具有内聚外御的特性。再如，弗里德曼等人（Friedman, Pickowicz and Selden 1991）的研究发现，在集体化时期，农村的家族制在强大政治压力下受到压抑，但它们并未消亡，只是转到地下以便自我保护。因此在改革开放时期一跃而出，成为村庄发展的重要基础。这些研究启发我们扩展有关古代社会中乡里制度与家族制度的想象，审视它们作为历史遗产在当代的影响。由此来看，这本著作、这个主题和这个领域具有重要的现实意义。

我和鲁西奇教授只有一面之交。若干年前，我们在北大文研院组织的一个活动中见面，约好时间坐下来聊聊。在那次聊天时我提起，读过他的大作《中国历史的空间结构》。不料他马上认真地告诉我，他已经改变了在那本书中所持的部分观点（大意）。这让我心中一震，一位学者能够发展出自己的观点思想已属不易，愿意在研究思考中放弃自己的观点更是不易，是难得的学术品质。于是我心中顿生敬意，初见的陌生感不觉间悄然褪去。那次聊天时间匆忙，没有就这个题目继续谈下去，但心中一直存了个念想，想读一下他的新作，了解一下他新近的思考。不久前他惠赠新作，正中下怀。于是有了这篇文章，特此致谢。

【参考文献】

[法]费尔南·布罗代尔著，刘北成等译，2008[1969]，《论历史》，北京：北京大学出版社。

[美]杜赞奇著，王福明译，2003，《文化、权力与国家：1900—1942年的华北农村》，南京：江苏人民出版社。

费孝通著，2012，《乡土重建》，长沙：岳麓书社。

胡宝国著，2020，《将无同》，北京：中华书局。

胡恒著，2015，《皇权不下县？——清代县辖政区与基层社会治理》，北京：北京师范大学出版社。

——，2020，《清代的乡官论与制度选择》，《历史研究》第5期。

[美]科大卫著，卜永坚译，2009 [2007]，《皇帝与祖宗：华南的国家与宗族》，南京：江苏人民出版社。

李怀印著，2008，《华北村治：晚清和民国时期的国家与乡村》，北京：中华书局。

梁方仲著，2008，《明代粮长制度（校补本）》，北京：中华书局。

刘志伟著，1997，《在国家与社会之间：明清广东里甲赋役制度研究》，广州：中山大学出版社。

罗志田著，2014，《权势转移：近代中国的思想与社会（修订版）》，北京：北京师范大学出版社。

——，2015，《地方的近世史："郡县空虚"时代的礼下庶人与乡里社会》，载《地方的近代史：州县士庶的思想与生活》，杨宏、潘晓霞、薛刚编，北京：社会科学文献出版社。

鲁西奇著，2021，《中国古代乡里制度研究》，北京：北京大学出版社。

钱穆著，2001，《中国历代政治得失》，北京：生活·读书·新知三联书店。

秦晖著，2003，《传统十论》，上海：复旦大学出版社。

仇鹿鸣著，2012，《魏晋之际的政治权力与家族网络》，上海：上海古籍出版社。

[美]詹姆斯·斯科特著，郑广怀等译，2007[1985]，《弱者的武器：农民反抗的日常形式》，南京：译林出版社。

宋怡明著，2019[2017]，《被统治的艺术》，北京：中国华侨出版社。

[宋]司马光编著，[元]胡三省注，"标点资治通鉴小组"校点，1956，《资治通鉴》，上海：中华书局。

田余庆著，2012[1989]，《东晋门阀政治》，北京：北京大学出版社。

王亚南著，1981，《中国官僚政治研究》，北京：中国社会科学出版社。

[日]西嶋定生著，武尚清译，2004，《中国古代帝国的形成与结构：二十等爵制研究》，北京：中华书局。

萧公权著，2017[1960]，《中国乡村：19世纪的帝国控制》，北京：九州出版社。

杨联陞著，2011[1936]，《东汉的豪族》，北京：商务印书馆。

赵鼎新著，2006，《东周战争与儒法国家的诞生》，上海：华东师范大学出版社。

赵秀玲著，1998，《中国乡里制度》，北京：社会科学文献出版社。

周雪光，2014，《从"黄宗羲定律"到帝国的逻辑：中国国家治理的历史线索》，《开放时代》第4期。

Anderson, Perry. 1974. *Lineages of the Absolutist State*. London: Verso.

Finer, Samuel E. 1997. *The History of Government III: Empires, Monarchies and the Modern State*. London: Oxford University Press.

Friedman, Edward, Paul G. Pickowicz and Mark Selden. 1991. *Chinese Village, Socialist State*. New Haven: Yale University Press.

Shue, Vivienne. 1988. *The Reach of the State: Sketches of the Chinese Body Politic*. Stanford(CA): Stanford University Press.

Tilly, Charles. 1986. *The Contentious French*. Cambridge(MA): Harvard University Press.

乡村社会的权力构造与非正式制度
由周雪光教授的评论引发的思考

鲁西奇[①]

周雪光教授花费很多时间与精力，细读了拙作《中国古代乡里制度研究》，并给予全面深入的评论，我非常感激。作为作者，对于周老师的美意与肯定，只宜让它随风飘去。我一直很关注周老师的研究，读过他以中文发表的大部分论著，所以，对周老师评论的出发点与基本理路，可以大致理解与把握。因此，我细读周老师的评论，努力将周老师的提示与自己的研究结合起来，思考哪些问题可以落到历史学的实证研究上来，拓展未来的研究空间，调整自己的研究重心和具体路径。本文主要谈谈周老师的评论给我带来的启发，以及由此引发的三点思考，作为对周老师的回应和感谢。

第一，周老师引钱穆先生之言，认为政治应该从人事与制度两个方面来讲，指出拙作主要着眼于对于制度的考证，对于运行制度的"人事"则未予充分关照，从而在很大程度上影响了对于制度意义、性质的进一步阐释和讨论。这是知者之言。在此之前，徐畅（2021）在"澎湃新闻·上海书评"发

[①] 鲁西奇，武汉大学历史学院教授。主要从事历史地理与中国古代史研究。代表作有《区域历史地理研究：对象与方法》（2000、2019）、《中国古代买地券研究》（2014）、《中国历史的空间结构》（2014）、《中国古代乡里制度研究》（2021）等。另著有学术随笔《何草不黄》（2015）、《谁的历史》（2019）等。

表的评论中，有更为明确的批评："作者主要对王朝国家乡里制实施的原则和方式进行了系统探讨，基本没有对漫长历史时段内乡里制下执事人员的身份、性质、职掌开展辨析与对比"；"也正是由于并未着力于捕捉制度史图景中'人'的角色，对于中国古代乡里制研究中的一些热点、难点问题，如隋唐之际乡官被废除的原因，唐宋乡里执役者由官而役的转变，本书并未给出强有力的阐释与回应"。（徐畅 2021）——这些都是很中肯的意见。

这确实是拙作的缺失。应当说，我当然注意过这些问题，也曾经认真地考虑将"人"的因素更多地放在乡里制度中加以考查，但最终却并没有能够实现。其原因，除了拙作篇幅已经过长，远超预想，更因为我实际上未能真正找到最合适的研究路径。关于乡里制度下执事者的身份、职掌及其地位、性质，已有的研究大多将其置入户籍赋役制度中加以分析，特别是考查其在户籍制度中的身份与户籍等，但由于乡里制度、户籍制度、赋役制度三者在结构上高度重叠、职能上也高度互补，这种办法实际上易于造成循环论证。指出某位乡里执事人具有怎样的户籍身份（以及其所包含的经济地位和社会地位）、具有怎样的赋役责任或者可以减免哪些赋役责任，虽然也有意义，但其实并没有能够真正展示出"人"的动态身影。我一直在想，怎样才能"捕捉"到乡里制度下执事人的动态身影，予以描述并定位，并尽可能避免"以点代面""以偏概全"呢？直到 2021 年，我才慢慢地找到了一些路向，并着手开展一些具体的研究。

我试图引入"权力"（以及"权威"）概念及其分析理路。我把"权力"粗略地理解为对他人的控制、剥夺，以及对资源及财富的占有、控制和使用。我设想自己站在乡村社会，特别是普通民户的立场上，去看乡村社会中哪些是有权力（以及权威）的人，他们（分别）有怎样的权力，如何运用其权力，他们之间又怎样分配权力，以及如何互相制衡。在一个普通农民看来，乡村里拥有权力的，主要是三种人：一是乡吏里胥，也就是乡里制度下的各种执事人，我把他们称作中国古代的"基层干部"，他们主要拥有行政权力；二是地主土豪，也就是乡村中拥有财富和势力，可以"设财役贫""武断乡曲"的人，他们掌握乡村中的经济权力以及部分社会权力；三是"乡绅"，或者说是"居乡绅衿"，也就是居乡的退休或罢官的官员，以及有功名的人，他们在乡村中拥有政治、社会和文化影响力，是乡村中的"名望"，掌握乡村社会的政治权力和文化教育权力。以上三种人及其权力，当然可能相互叠合。还有一种人，"长老"，或者称之为"父老"或者"父兄"，也就是乡村中齿序辈分较高的人，每家每户都有，在家庭、宗族以及村落的不同范围内拥有、行使权力，其中的代表人物，特别是得到官府认可或委任的、年高而有德望的长老，被赋予教化权力，进入乡村社会的权力体系中。乡吏里胥、地主土豪、乡绅名望以及长老（父老），共同构成乡村社会的权力体系。由此，我设想可以将乡吏里胥（乡里制度的执事人）置入这样的乡村权力体系中加以考查，或能明晰其在乡村社会以及王朝国家乡村控制体系中的地位与作用，而在这个体系中履行职能、使用其权力并发挥作用的乡吏里胥，才是真正的、活生生的古代"基层干部"。

第二，由关注乡里制度中的"人事"，自然而然地引出乡里制度与家族制度的关系问题。周老师指出："在近代基层社会的组织形态中，乡里制度与家族制度相辅相成，连为一体，构成了王朝统治的双轨政治架构"；"家族制的重要意义历史上一直存在，是利益共同体所在，其普遍程度似乎在近代尤为突出"；"乡里制度与家族制度可能有复杂多重的关系，既矛盾紧张，又密切关联、互为依托。而且，两者互为抵触互为竞争的状况反而可能会推动各自内在内聚力，而不一定是彼此抑制和削弱。我们需要从两者的关系中认识乡里制度和基层社会秩序。"

这是拙作的又一个缺失。在最初关于乡村制度的设想中，我把乡村制度分成两个方面：一是王朝国家自上而下的控制制度，其核心就是乡里制度；一是乡村社会自生的、内在的"自治制度"，其核心就是"家族制度"。沿着这个理路，在理清了乡里制度及其演变之后，我应当把重心放在包括家族制度在内的乡村自治制度上来，并最终回答二者之间的关系。可是，在研究中国古代乡里制度的过程中，我却慢慢地放弃了上述设想。其原因主要有二：一是对于中国古代乡村是否普遍存在"自治制度"，传统中国乡村是否可以看作"自治社会"，或者说是否可以运用"双轨政治"的分析框架去看待中国古代乡村社会，我越来越不能确定；二是家族制度在不同时期的表现形态及其在乡村社会所发挥的作用与意义有很大不同，很难作为一种通贯历代王朝的制度与乡里制度加以比较（周老师已敏锐地洞察到这一点，所以他强调家族制度的普遍程度，到了近代尤为突出）。更为重要的是，我对家族制度作为一种民间社会自生的、内在的"自治制度"这一命题，在根本上产生了怀疑。

从本源上说，家族及家族制度根源于家长权力与家长制度，亦即父老（父兄）对于子弟的养育训导之责，以及管治教诲之权。《白虎通》卷八《三纲六纪》说："诸父、兄弟，父子之纪也，以其有亲恩连也。""父者，矩也。以法度教子也。子者，孳也。孳孳无已也。""兄者，况也。况父法也。弟者，悌也。心顺行笃也。"（陈立1984，376、380）父（母）子之纪出于血缘，父母养教子女，兄长垂范弟妹，亦皆源于自然法则。故父兄（母姊）以言行举止示范、规训子弟，建立、维护并传承社会规范与伦理，亦为文明社会之通例。然一家一户之父兄，其养教规训之权，若仅限于本家户之内，所造成者，只是父兄统治的家长制家庭，并不足以形成家族及家族制度。《白虎通》卷八《宗族》说："宗者，尊也。为先祖主者，宗人之所尊也。"而"古者所以必有宗"，是为了"长和睦"。"大宗能率小宗；小宗能率群弟，通于有无，所以纪理族人者也。"（陈立1984，394）尊崇祖先、长辈，可以"长和睦"，发挥尊长、大宗的表率作用，"纪理族人"，但尊崇、表率、纪理都不具有强制性，并不足以借此形成宗族与宗族制度。因此，我以为源于血缘的父兄权力与祖先崇拜只是给家族（宗族）与家族制（宗族制）的形成提供了条件与可能性，并不必然导致家族（宗族）与家族制（宗族制）的形成。换言之，家族（宗族）与家族制（宗族制）的形成，除了内在的血缘关联（包括拟制的血缘关系），还需要诸多外在的条件。其中包括居住空间相对集中，具备一定的生计条件与适宜的经济形态，特定的社会文化环境，而最重要的则是官府的支持、鼓励或认可，至少是默许：一家一户的父兄，普遍超越家庭范围，施展对于他人家庭的控制，包括人身控制与经济控制，若未得到官府的授权或许可，几乎是不可想象的；在以"编户齐民"作为统治基础的王朝国家统治制度下，建立并维持超越家户规模、人口逾百乃至数千的家族组织，若未得到官府的鼓励和支持，至少是承认，也是不可能的。基于这一认识，我试图从家长及父老（父兄）权力的来源出发，考查从家庭走向家族的历程，分析具备怎样的条件才能形成家族。周老师的研究和评论，使我进一步明晰了这一研究路径和方向。我会强调王朝国家承认或授予父兄以家长权力，并鼓励其扩展其家长权力成为家族的族长权力，是家族形成的重要条件。也正是因为此，我更倾向于将家族制看作乡里制的辅助性制度，而不是与之并行的另一种制度。换言之，我倾向于认为家族制度是依附于王朝国家的官僚制度的附从性制度；在乡村社会控制体系中，乡里制度是主要的、主导性的制度，家族制度是次要的、辅助性的制度（所以，在乡里制度得到强化并充分发挥作用的汉、唐、明时期，家族制度并没有发育；而在乡里制度受到削弱、作用相对较小的宋、清时期，家族制较为发达）。我希望自己在未来一些年中，能够把上述认识较为完整地论述出来。

第三，关于乡里制与家族制关系的讨论，实际上是在正式制度与非正式制度及其关系的理论背景下展开的，这是周老师最为擅长的领域。我对于正式制度与非正式制度的了解，就是从周老师的研究开始的。我的理解是，乡里制度应当是正式制度，家族制度大抵是非正式制度。在我的认识中，正式制度是由国家等权力主体以某种明确的形式确定下来的组织框架和行为规范，所以，乡里制度是由王朝国家自上而下地"强加"给乡村社会的。正是因为有这种认识，再加上较多地受马克斯·韦伯和迈克尔·曼（Michael Mann）的影响，我试图努力追索乡里制度的"意识形态"基础或"思想"根源。周老师说我"强调了国家意图以及自上而下的整体设计路径"，认为"这一思路带有很强的理性预设的色彩"，是非常敏锐而且一针见血的评论。这是我的"意识形态"——直白地说，我研究乡里制度、强调"皇权下县"，背后的"思想"目标或最终的"意识形态关怀"，都是揭示中国古代王朝国家统治压迫民众的本质，批判古代国家权力对于乡村民众、社会的控制与剥夺。我知道，这样的"意识形态"在很大程度上影响了我对于国家、权力、制度等"强制"因素的看法，使我在一些问题的研究上未能保持"超然"的中正态度，从而影响了部分判断，甚至出现一些偏见。这很可能是我的学术研究的"致命伤"。我清醒地认识到这一点，并努力在实证研究领域尽可能地减低或避免（或者说"隐藏"）这种倾向性。虽然我声称要着意探究和揭示乡里制度背后的思想（或理论、认知），但在拙作中，相关的探讨其实非常克制——是我有意识地"掩盖"了研究的批判指向，努力将其控制在对历史"实然"的实证研究范围内。

可是，周老师评论中提出的许多思考路向，对我"蛰伏"的"意识形态"诉求实在是很大的激发，而不是抑制——作为擅长理论思考的社会学家，周老师提出了许多很有价值的理论预设与问题，这对于每一个具有理论敏感和现实关怀的历史学者都具有很大的"诱惑力"。比如，周老师谈到："非正式制度也包括了弱者使用自己的武器对正式制度加以抵抗的各种形式。这些抵抗形式不仅适用于当代社会，也应该适用于历史上的各个时期，只是具体表现方式不同。这些非正式制度、运作和抗争行为难以记录在案，因此难以进入研究者的视野。然而，离开这些非正式制度，我们也难以恰当地评估乡里制度的实际运行状况。"这段话，实际上给历史学实证研究提示了很大的研究空间。我以前理解"非正式制度"，基本上将之视为与正式制度目标一致的非正式的制度性安排，从未想过与正式制度逆向的或对抗的制度性安排，也可以属于非正式制度的范畴。周老师的这个提示，再结合此前对我产生影响的艾瑞克·沃尔夫（Eric R. Wolf）关于乡民社会的研究，促使我去思考乡村普通民众（不包括乡绅、地主土豪等乡村"精英"）的"意识形态"或"道义"（即斯科特的表达），及其行为和行为规范，乃至组织架构，亦即乡民的"制度"（其"正式"与否且不论）。乡村民众的意识形态（农民的"道义""民意"）、行为规范以及乡民的社会组织形态，可能会是我未来一些年中试图开展实证研究的核心问题。

周老师在评论中把我称为历史学者，我非常高兴。我努力固守所谓"历史学研究的本位"，虽然也时常怀疑这个本位的存在与意义，更怀疑自己对它的固守。读周老师的评论，最大的感觉就是周老师在吸引我离开这个本位。所以，这个回应，其实是在拒绝这种"诱惑"：对社会历史理论的向往促使我在历史学者的座位上立起身来，顿了一会儿，我还是坐下了。吴于廑先生曾谈到，做学问要立足于种好自己的菜园（也许是花园吧），也要不时地抬起头来，看看别人的菜园，看看人家在种什么、怎样种，再想想自己的菜园（大意）。周老师的评论让我知道别的菜园主人怎样看我种的菜，促使我抬起头来，看看一个更大世界里别人的菜园子。虽然我又低下了头，但我心里已经有了别人菜园的景象。也许，我的菜园里下一季的番茄会长得有点不一样。

2022 年 2 月 16 日星期三，于武昌珞珈山东山头

【参考文献】

陈立著，1984，《白虎通疏证》，北京：中华书局。

徐畅，2021，《读〈中国古代乡里制度研究〉：百里不同制》，"澎湃新闻·上海书评"，https://www.thepaper.cn/newsDetail_forward_14468311（访问日期：2022/02/16）。

公共论坛
PUBLIC FORUM

精英、霸权与我们世界的未来
围绕《沉船贵客：精英政治与大国的衰落》的讨论并纪念理查德·拉克曼[①]

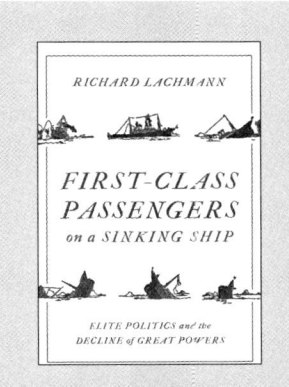

【摘要】已故知名历史社会学家理查德·拉克曼的《沉船贵客：精英政治与大国的衰落》（以下简称《沉船贵客》）一书通过对近代以来西方世界霸权更替和精英结构之间关系的分析，来说明美国近年来重大的政治和社会变迁及其霸权衰落的可能性。12位学者围绕该书进行了讨论，讨论涵盖了精英的理论与方法，有关衰落的概念与逻辑，帝国、国家与霸权之间的联系与区别，以及历史社会学方法论层面的问题，等等。

[①] 原书作者拉克曼教授于2021年9月在工作中突发疾病逝世，特以此文纪念。《历史与变革》杂志全体学术委员会成员和工作人员亦深表悼念。本文由凯风基金会资助的"历史与社会研读营"（第二届）部分讨论内容节选而成，初稿由基金会整理，现稿由郦菁编辑。该研读营于2021年8月举办，旨在建构国内外年青学者的学术共同体，参与者包括：曹寅（清华大学历史系副教授）、丁悦（匹兹堡大学政治系助理教授）、董一格（美国纽约州立大学布法罗分校社会学系、全球性别研究系助理教授）、郦菁（浙江大学社会学系副教授）、钱力成（原浙江大学社会学系副教授，现为澳门大学社会学系助理教授）、宋念申（原马里兰大学巴尔的摩郡分校历史系副教授，现为清华大学人文与社会科学高等研究所教授）、殷之光（原英国艾克赛特大学人文学院现代语言系副教授，现为复旦大学国际关系与公共事务学院教授）、尤怡文（浙江大学社会学系副教授）、张昕（华东师范大学国际关系与地区发展研究院副教授、俄罗斯研究中心副主任）、张杨（美利坚大学国际服务学院助理教授）、张颖（俄亥俄州立大学历史系副教授）、朱宇晶（华东师范大学人类学所讲师）。

一、精英斗争理论：从民族国家到帝国

郦菁：《沉船贵客》是美国纽约州立大学奥尔巴尼分校著名历史社会学家理查德·拉克曼的最新著作（Lachmann 2020）。他大约十年前就开始写作此书，最早完成的章节恰是最后讨论美国精英的部分。由此可知他写作的初衷是试图理解美国近年的现实变化，这促使他回顾历史上的其他霸权，用历史的视角来看美国衰落的必然性，衰落与精英结构变化之间的关系，以及衰落的成本到底由谁来承担。

此书的基本框架延续了他知名的"精英斗争理论"（elite conflict theory）。他对于精英的定义是"可以从非精英群体当中攫取资源的某些统治阶级，因为他们控制了某种独特的组织体系"（Lachmann 1990）。如果某一些行动主体对于维持作为精英基础的组织体系本身足够重要，而且他（她）离开这个精英群体可以建立自己独立的组织体系，他（她）就是这种精英的一部分；反之，如果行动主体没有足够的控制力，就不能说是精英的一部分，比如知识分子。特定精英实际上是统治阶级的一部分，是一种"阶层"（class faction）。精英斗争和阶级斗争之间是复杂的互动关系。在精英斗争过程当中，特定精英会向下寻找盟友，和中产阶级、下层阶级形成政治联盟，与同属统治阶级的另一种精英进行斗争。精英之间也可能联合起来压迫其他阶级。这样就有多重的理论关系的可能性，也是对于20世纪80年代阶级理论和历史社会学发展的重要突破和延展。

在拉克曼的《不由自主的资产阶级》一书中，他想回答的问题是为什么欧洲主要民族国家建构的历史路径不同（拉克曼 2013），他的解释变量是旧精英。旧精英的结构不同，旧精英和新生成的社会群体之间的关系就

不一样，新生成的民族国家内部的制度安排也不一样。而资产阶级作为资本主义社会的统治阶级，是在旧精英结构的间隙中成长起来的，拉克曼的新书实际上突破了原来民族国家的研究框架，关注的是帝国，包括成为民族国家的帝国中心（metropole）和殖民地（colony）两部分。他的新问题是：殖民地精英和帝国中心精英之间的关系如何形成和变化？在特定政治斗争的情况和历史条件下，形成了哪些相对稳定的政治和经济制度，反映了精英之间的何种分配关系？精英关系又如何影响帝国的兴衰，帝国是否能成为霸权，变成霸权之后为什么又在特定的历史时期衰落了？[②] 与此前的帝国文献相比，他深入探讨了帝国内部政治过程与国际政治竞争之间的关系。

下面可以通过原书中的两张图来了解此书的主要观点。

图1　帝国中心与殖民地精英的结构关系（Lachmann 2020, 34, Table1.1）

		殖民地精英相对于帝国中心官僚的自主性	
		高	低
殖民地精英对帝国中心经济和/或政治的影响力	高	西班牙美洲殖民地 英国定居者殖民地（如北美） 法国殖民地	荷兰殖民地 英国殖民时期的印度以及其他非定居者殖民地 美国的正式与非正式殖民地
	低	德国殖民地 古代帝国	拿破仑帝国 纳粹帝国

图1用两个变量来概括殖民地精英的政治能力：一个是殖民地精英的自主程度（相对于中央的官僚体系），另一个是殖民地精英对于中央经济和政治的影响。以左上角为例，这种情况殖民地精英相对于中央的自治程度

[②] 拉克曼认为霸权必然有一个帝国作为统治的基础，但帝国并不一定能达成霸权。在具体的研究中有两个操作定义：一是某个帝国的生产总量比排第二、第三位的两个大帝国加起来还要高，这个时候才可以算霸权；二是拉克曼主要研究欧洲的帝国，所以至少有一段时间在欧洲称霸的才能算霸权。

高，对中央的影响力大，因而离心力其实是最大的。这时殖民地精英会做出怎么样的选择呢？他们会选择影响中央政策，使得更多的资源能够保留在殖民地，而不是输送到中央去。这种情况很危险，帝国最容易崩解。所以西班牙拉美殖民地和美国（当时是英国殖民地）在18—19世纪都独立了，对原有帝国的打击很大，往往造成帝国或霸权的衰落。还有法国加勒比海殖民地也是类似的情况。右上角如荷兰殖民地，当时由西印度公司和东印度公司殖民和管理，这些公司被中央精英通过控制股份等形式加以控制，所以自主程度是比较低的。反过来它们对中央的影响还是比较大的，因为公司的经营拓殖直接和中央精英的收入相关。这种情况帝国解体的风险会小一些。左下角如德国在青岛的殖民者，都是一些中产阶级的子弟去海外碰运气，而不是大贵族或其代理人，或者像荷兰那样由大商业公司来完成殖民。他们为自己建构了一套独特的文化资本，因此获得了相对的自治，但实际上他们作为中产阶级而非容克大家族，对政治影响并不大，和帝国中心的政治联系并不多。这不像西班牙，很多殖民者是各省最重要的大家族出身。还有一种右下角的情况是自治程度比较低，对中央的影响也比较小。例子是拿破仑时期，还有纳粹时期。这两个帝国都在短期内控制了欧洲，在某种程度上实现了统一和霸权，但是这两种情况都是由单一的军事精英控制了国家权力，没有多种精英相互制衡。在这种情况下，帝国持续时间往往很短，因为军事精英唯一的利益就是扩大自己的强制权力，但却缺乏合法性，在这种情况下，任何一种制度建构都不能持续很长时间。

在此基础上，拉克曼考察了欧洲近代历史上的霸权国家与未成功获得霸权的帝国，这为理解美国当下变化与未来命运提供了准备。这些例子可用图2来简单概括。从历史经验归纳来看，四个条件中有任何一个出现，都会阻碍这个帝国获得霸权，或者导致帝国取得霸权但随后衰落。

图2 精英结构与霸权的布林真值表（Lachmann 2020，50，Table1.3）

帝国	精英结构的特征				是否达到霸权
	C	A	U	I	
西班牙	1	1	0	0/1	0
法国	1	1	0	0	0
荷兰	0	0	0	0	1
英国	0	0	0	0	1
美国	0	0	0	0	1
拿破仑帝国	0	0	1	0	0
纳粹帝国	0	0	1	0	0
古代帝国	0	1	0	1	0

C = 帝国中心精英斗争程度高
A = 殖民地精英独立于帝国中心的程度高
U = 帝国中心由单一精英统治
I = 缺乏基础设施能力来控制殖民地精英

1. 西班牙君主与贵族联合削弱教会，作为回报，贵族在基督教复兴运动后攫取了中南部的大量土地，控制省内收入，税收无法到达中央（C）；美洲殖民地精英利用"委托监护制度"（encomiendas）获得了极大自主性，并通过和国内精英的网络影响帝国政治（A）。同时，西班牙作为从中世纪封建制度到近代过渡时期的第一个大帝国，仍缺乏相当的基础设施能力来控制殖民地（I）。因此，西班牙帝国维持了很长时间，但并没有获得真正意义上的欧洲霸权。

2. 法国因卖官鬻爵制度造成了精英的高度分裂，同时又无法插手荷兰控制的贸易路线，从而无法培成商业精英来提供足够的资源（C）；殖民地的种植园主通过家族联系和与中央精英的广泛联系来影响政策，但又有自主性（A）。和西班牙类似，法国从未完全控制欧洲（拿破仑时期是短暂的例外），亦未获得霸权。

3. 荷兰在17世纪有30~50年的霸权，这是因为：反对哈布斯堡王朝的战争使得城市商业寡头获得权力并团结起来（去除 C）；而其政治安排又防止权力过度集中（去除 U）；实施殖民的西印度公司与东印度公司在财政和组织安排上受到中心的约束，自主权不高（去除 A）。

4. 接下来，英国在伊丽莎白一世与维多利亚女王时期达成了两次霸权。政治和商业安排促进了多种精英妥协和联合的可能，因而其收入进入中央财政的比例大大提高，军队也由中央国家有效控制（去除 C、A、U、I）。19 世纪中期，精英有分裂的趋势，殖民地产生离心力（C、A 重新产生），英国通过将东印度公司国有化等一系列改革重新调整了精英关系，重新稳固了霸权。尽管如此，19 世纪后期开始，金融精英还是成功扭曲了政策，定居殖民者促进帝国解体，对外投资增加导致英国国内产业空心化（C、A 重新产生），霸权丧失。

5. 相比之下，拿破仑时期和纳粹时期并不存在精英斗争，也没有殖民精英的高度自主，也不存在基础设施能力低下的问题（去除 C、A、I）。然而，如前所述，单一军事精英统治无法长久（U），霸权无法制度化。

6. 相较之下，古代帝国的问题是缺乏通信、运输以及其他控制手段和治理技术（I），因而殖民地精英一直离心力较强（A），从国民整体财富中能够提取的比例也相当有限，因而无法达到现代意义上的霸权。

7. 最后的重点是美国。大概在 20 世纪 80 年代之前，不同精英之间有一个利益分配和政治上的制度化协商的方案，即"嵌入性自由主义"（去除 C），美国实现了全球霸权；而到了 20 世纪 80 年代之后，金融精英相对产业精英占据了上风，全国甚至全球性精英压倒了地方精英。整个国民经济金融化程度加深是精英斗争加剧的重要反映（C）。金融精英从 20 世纪 80 年代开始推动国际和国内的持续金融化，即使在 2008 年金融危机之后也依然推动对其有利的政策，这从奥巴马政府在次贷危机后依然坚持新自由主义方案就看得很清楚。另一种仍然相当重要的精英是军事精英。其组织与文化上的种种错位，包括缺乏中央控制、指挥官的高度自主性、内部分裂、自利的武器供应系统和缺乏战略创新等，使其成为全球层面的危险力量，但实际又无力保护美国的战略盟友。特朗普的出现是危机的表征，也推动了危机的深化。在某种程度上，美国霸权的衰落无可避免，而中下层将承担衰落主要的成本。

概而言之，当C、A、U、I这四个条件可被有效控制时，中央国家能更有效地控制资源和政策，实现霸权；而这些条件逆转时，精英的首要目标是攫取更多资源、推动自肥的政策，任由帝国衰落。

二、"精英"作为概念和方法

曹寅：从一个历史学家的角度来看，我对精英的概念有些疑惑。我就从我研究的印度出发来讲一讲。作者在第一章差不多花了两到三页的篇幅讲了"什么是精英"，但是完全没有让我理解"英属印度的精英是谁"这个问题。从18世纪到19世纪初，英国人在印度主要是做生意的。英国人认为高种姓的婆罗门是当地的精英。这些婆罗门也认为他们自己是精英。但是到了1857年印度民族起义时，参加起义的很大一部分却正是这些婆罗门。英国人在东印度公司时期建立了军队，公司军队的士兵主要由婆罗门种姓构成，他们为什么还要去起义呢？这就到了我想说的第二个问题，即作者对于精英的定义没有太多涉及身份认同和建构的问题。精英这种身份是一种自我和他者都参与建构的集合。一个稳定的身份认同可能需要三个支点：首先，我认同自己是这个身份；第二，他者也认同我的这个身份；第三，我明白他者对我这个身份的认同。

在英属印度1857年的起义中，为什么那些婆罗门会起义？婆罗门知道自己是精英，没问题。英国人也觉得这些婆罗门是精英，也没问题。但是第三点出了问题，婆罗门觉得英国人不把他们当成当地的精英。婆罗门觉得英国人是想要污染他们的信仰，毁灭他们的宗教，把牛油涂到子弹上。所以这是个身份认同和建构的问题。而这本书的"精英"概念是作者在21世纪的美国大学里想象和定义出来的。

还有精英与大众的关系。印度的例子，如果按照拉克曼的解释，印度民族国家形成的过程应当是一个精英之间互动或者内斗的过程。这些精英分为两派，一派代表了基层的宗教民族主义，另外一派可能是世俗的民族主义者。这两派之间互相的竞争是独立前后印度政治进程的表层逻辑。我后来发现这种精英竞争逐渐演化为了两种动员机制的竞争。而对群众的动员竞争最终使群众运动反噬了精英政治。最能够动员的那一派往往被其所动员的群众所反噬、绑架和挟持，这点很有趣。精英和群众的关系在这里被倒置了。如果我来写这段历史，我会这么写。

张杨：我简单回应一下曹老师。拉克曼不可能不知道身份的问题，但他这么大尺度的历史比较研究可能无法处理所有细节。我想到历史上一个非常有名的辩论，就是阶级概念的主客观定义之争。一开始大家认为阶级是客观形成的，直到汤普森说工人和工人阶级之间隔着十万八千里。他的书出版之后，历史社会学也开始关注阶级文化、阶级意识的形成（汤普森 2013）。20 世纪七八十年代，关于阶级形成的主观学派才蔚为壮观。精英研究肯定有类似的问题。最开始做的人是顾大不顾小，会用客观的指标去定义精英。如果后来做细了，肯定会有更多的人来分析谁认同自己是精英，谁认同对方是精英，谁认同对方的认同。

我们可以说他没有马克思成功，没有韦伯成功，但他选择了这个理论，提出了自己一套独特的思路和方法。他对马克思、韦伯这些人有一些系统的批评，他说明了为什么要用精英理论取代马克思主义的阶级理论，或者韦伯的国家理论。我们可以觉得他不对，但是我觉得他是有自己的理论想法的。

尤怡文：我正在写作的书稿里也涵括了荷兰与英国两个案例，这让我在阅读过程中总是会想：精英在不同框架下是否有不一样的分类和解释？例如，图2中拉克曼将荷兰共和国归类为"中心不存在高度精英冲突""殖民地精英不具高度自主性"。从经济上而言，摄政阶层（regents）的确垄断了联省共和国绝大部分的商业及财富；但在政治上，荷兰自始至终都存在亲王派（prinsgezindheid）与共和派（staatsgezinde）两个派系的冲突。再者，海外殖民地作为公司资产，由母国董事会直接经营，但却不受联省共和国政府指挥。换言之，若将政治面向加入，联省共和国的中心精英冲突及殖民地自主性分类，可能就和拉克曼的分类相异，进而对霸权的兴起与衰落的解释可能也不同。

接下来，我想提出两个比较政治经济学（CPE）方向的衍生性思考。此书所提出的分析框架更多是一个国际政治经济学（IPE）问题，即解释国际霸权相对权力的起落。相对而言，探究国内政经问题及解释改革是否能成功，在书中所占篇幅不大。但对本职CPE研究的我而言，这是更有意思的部分。首先是关于后霸权时代各国进行改革的可能性。该书最后一章从英国及荷兰后霸权时代的发展经验——精英特权与不平等、税收与社会福利、军队与外交等，来探究霸权衰落将如何影响美国政治经济，以及阻止不平等扩大的可能。这个问题衍生出另一重思考：书中解释霸权兴衰时，更多侧重于精英冲突/凝聚，我们是否能同样以此变量解释各国社会不平等改革能否成功？又或者，在此问题上，"反精英联盟"的凝聚/冲突更具解释力？例如，英国经济精英随着金融发展，在19世纪吸纳了更多跨部门精英及跨阶层成员，相对于荷兰精英阶层的排他性，英国精英群体包容性及凝聚力更强，但强大的工会组织仍迫使精英做出妥协进行改革。再者，在展望美国前景时，拉克曼也悲观地提到，美国工会组织的弱化使其难以成为改革动力。这两个案例都说明"反精英联盟"的组织动员能力是影响改革的关键因素，而不是精英联盟。

第二个议题也是我自己的书稿比较关心的：金融工具（financial instrument）在不同时代所形成的精英连结及其政治影响。该书第八章提到，20世纪80年代前，美国精英是通过"董监连结"（interlocking directorates）形成跨产业精英核心圈，并形成寻租及分配共识。然而，在20世纪80年代后的金融化浪潮中，企业间董监连结程度下降了，寻租行为转向个人化，和过去以企业或者产业为基础的寻租分配不同。这个时代的精英是以牺牲企业、组织利益为代价，谋取个人利益极大化。拉克曼的分析留下了更多值得深入探究的问题：这种更加个人导向的精英阶层，凝聚力是更强还是更脆弱？精英圈是更开放还是更封闭？其对政治的影响途径，是否与"前80年代"的模式相异？另外，我很好奇在20世纪80年代金融化后，伦敦金融精英阶层及其政治影响途径是否也出现了变化。据我了解，他们在英国失去霸权后依然维持寡头垄断地位，不过作者没有多提。

最后是一个研究方法上的问题。随着董监连结程度普遍下降，董监连结作为精英分析工具是否还有效？我们是否需要一种新的方法来分析新形态下的精英核心圈？我对于美国案例的初步观察是：虽然在金融化后，金融精英的"进入门槛"似乎变得相对开放，获利也更个人化，只要能进入金融公司，在个人激励导向的薪酬制度中，即便是交易员都能从中分得一杯羹。但相对于早期跨产业董监连结，现在是一个更小、更纯化的精英群体——美联储理事、投行高管、财政部长三者之间的精英流动及交叉连结。这个观察若是正确，下一个问题是：这个金融精英圈究竟是更脆弱，还是更有能力垄断美国政策走向以及克服来自社会的改革压力？

郦菁：讲到金融工具，我补充几句。首先，离岸美元市场的建立，最初是因为美国在"二战"后实行马歇尔计划，这导致美国财政和货币政策出现了不平衡。为了解决问题，美国允许离岸美元市场的建立以及运行，其后果是大大提升了美元的地位和美国的金融权力。还有一些其他政策的变化，比如20世纪六七十年代在美国提供房贷的主要是中小储蓄协会。但到了20世纪80年代，政府不再对它们实行利率保护和补贴，要求它们在市场上竞争。因此，新型的贷款模式和工具出现了，比如"忍者贷款"。③同时期还出现了新的货币市场工具，比如"隔夜回购"。这些都为2008年次贷危机埋下了伏笔。到了2000年之后，房贷市场膨胀，全世界的热钱都涌到美国去，包括全欧洲的主要银行。其规模是前所未有的，这都建立在一系列的金融工具以及货币/资本市场流动规制的放松之上。甚至在2008年危机之后，奥巴马还做了一件很重要的事情，他不光援助了美国的大金融机构，还给欧洲的金融机构提供了流动性。这些金融层面的工具创新和制度性的变化，以及金融机构前所未有的兼并浪潮与混业经营，与金融精英的权力变化都是密切相关的。当然，我觉得拉克曼有关金融精英的这一章并不算特别精彩，因为他用的都是二手材料，很多问题没有深入，但我们应看到这部分论述对于总体理论框架的作用。

宋念申：拉克曼的精英定义，能否适用于其他国家的情况？我甚至觉得他的定义都不能够完全涵盖英国或者欧洲的情况。他讲到精英代表不同的利益，精英之间的矛盾阻止了社会有效调节。中国的情况恰恰不一样，因为精英/社会结构不一样。中国不是一个精英代表制的社会。他的框架可以套用到晚清那几十年的政治状况，尤其是满汉精英之间的矛盾，阻碍

---

③　忍者贷款（Ninja loan）是指给那些没有收入、没有工作、没有固定资产的人的贷款。

了有效地进行社会改革。可惜他没有讨论非欧洲的情况，比如奥斯曼土耳其或者印度的精英，他们在社会中扮演一个什么样的角色，机制是什么样的？

郦菁：直接把精英概念用到中国肯定有问题。唐宋之变后，中国就只有派系，没有精英了。派系跟拉克曼理解的那种欧洲封建时期形成的精英相比，根基是很脆弱的，其所控制的组织系统也不牢固；且他们兴盛持续的时间也短。拉克曼所谓的精英可能至少在50~100年内掌握权力，特别是在前现代时期。当然，现代历史变化的节奏越来越快。精英斗争理论如果要应用到中国，其动力机制可以借用，但在概念上需要做出调整。

三、"衰落"的逻辑

曹寅：我的第二个问题是有关"衰落"的概念。在西方文化语境中的相关讨论，基本上脱不出两个母题：第一个是《圣经》中人类从伊甸园堕落的母题，第二个是罗马帝国衰亡史的母题。我进一步在想，这种以西方文化衍生出来的母题是不是具有普世性？衰落在印度人对时间和空间的想象中可能与上述的两个母题不是一回事：这可能注定是时间环中的一个阶段，衰落之后肯定又上升。换句话说，西方中心语境里面的衰落是谁在讨论？这个概念本身是精英视角。作为一个现代意义上的西方概念，它能否用到其他文化中来？有可能变成一种鸡同鸭讲，你用这一概念去研究古代中国、莫卧儿帝国，跟你研究英帝国可能完全不是一码事，这可能是需要我们进一步理清的。

宋念申：我也有一个问题。这本书到底是在研究精英，还是在研究帝国的衰落？国家能力因为精英能力的衰落而衰落，这难道不是所有国家的问题吗？所有国家，只要出现了内部精英的种种问题，这个国家必定能力减弱，缺少动员能力，缺少应变能力。

郦菁：我的理解是，第一，帝国本身的衰落并不代表精英的衰落，这两个概念是不一样的。帝国的衰落往往是某一部分精英自肥的结果。在政治体总体下降衰落的过程中，某一些人反而获得了利益。比如，伦敦城在20世纪50年代英帝国解体之后，作为离岸美元市场中心，推出了"非居民免税方案"（Non-Dom Act）吸引世界各地的富豪移居伦敦，反而进一步繁荣发展。因此当代可能有两个英国，一个是伦敦，还有一个是伦敦之外的英国——帝国衰落后，伦敦的精英反而活得更好了。他们攫取的巨大利益是以帝国的衰落为代价的。历史上，荷兰的精英在帝国衰落后也通过给英国贷款和出售造船技术维持了自己的地位。第二，霸权衰落和一个普通国家衰落的影响是完全不一样的。一个普通国家的衰落，即使是一个地区霸权，也只影响周围几个国家。但是作为一个在更广泛地理空间获得欧洲甚至全球霸权的帝国，衰落带来的成本将由全人类承担。这是拉克曼研究背后的急切关怀。

钱力成：我对衰落这个概念也有一些疑问，即衰落究竟是对内还是对外？从是否拥有全球霸权的角度来说，拉克曼所说的衰落似乎是对外的；但从第一章中的叙述来看，特别是从书中提到的美国教育、医疗等方面的问题来说，衰落又似乎是对内的。这又涉及究竟美国是什么方面在衰落的问题，是军事，还是民主制度？特朗普支持者冲击国会的事件被很多人当作美国民主制度出现问题的例证。但反过来说，或者拉长时间段来看，美国的制度仍有韧性和修复力。

董一格：我也想回应关于"衰落"的问题。拉克曼在一个讲座中曾提到，在霸权衰落的过程中，霸权内部的人民生活水平相对是提高的，比如英国——这是我印象最深的一个反直觉的论点。拉克曼和阿瑞基有关资本主义现代世界体系霸权更迭的理论有很多对话。我们可以把"衰落"理解为一个相对的而非绝对的概念，即一个国家从全球绝对霸权（global hegemon）的位置逐渐退下，被另一个新兴霸权代替的过程。在阿瑞基的谱系里，这对应着从热那亚到荷兰、英国、再到美国的霸权更迭过程（阿瑞基 2001）。而如果本身我们不接受这样的设定，可能就会质疑拉克曼的很多分析，不同意他的问题意识。可能因为我之前已经接受了这样一种设定，我理解他的工作是对阿瑞基的补充和修正，增加了霸权内部精英斗争这一非常重要的变量，这的确是之前同类型分析比较少关注的。那么，我觉得不接受这个设定的各位老师，似乎并没有被拉克曼说服。我自己的困惑在于，像世界体系这种目的论比较强的理论，最后往往进入一个循环：你一旦接受系统的设定，你可以找到很多经验层面的支撑，觉得很多规律都有道理。但是如果你根本不接受基本的设定，你也可以在经验层面找到很多反例，显得这些所谓规律都是漏洞百出。因此，在认识论上该如何去理解自成体系的理论流派（世界体系理论），并跟它对话？

张杨：我想接着一格说明一下拉克曼与阿瑞基有什么不同。阿瑞基的两个核心变量是资本逻辑与领土逻辑。资本逻辑是说霸权到了一定阶段，会从工业资本转向金融资本，因为金融资本有更大的灵活性，利润率比实体产业更高。历史上荷兰如此，英国如此，阿瑞基认为美国也是如此。同时，霸权国家把生产转移到劳动力便宜的地方，在国内直接用钱生钱，但这会造成中产阶级收入下降、社会不平等、产业空心化等问题。领土逻辑是说霸权可以通过战争的方式夺取领土、消解本国矛盾、巩固霸权。不同霸权的更替，也是资本逻辑与领土逻辑的更替。那么拉克曼在此基础上的贡献是什么？是精英斗争的逻辑。阶级关系只强调被统治阶级和统治阶级的关系，而他更强调不同类型的内部斗争的各种形态。比如，美国的政治精英与华尔街精英就有矛盾，哪怕中美关系变坏，后者还是愿意把资本转移到中国，不愿意把产业链转回来。

书里的有些细节我有保留。比如写高科技武器部门的军人地位更加显赫，他们控制了整个国防部的武器合同，所以生产了很多先进武器。这真的跟美国的衰落有关吗？如果变成海军或者陆军的退休官员控制外包合同，这有什么不同吗？有一些我觉得很碎的讨论，到底跟美国的衰落有什么关系？相反，阿瑞基的书就很清楚，就是金融化和领土扩张，所有叙事都是围绕这个来。

郦菁：拉克曼讲了很多美国国防工业的具体组织形式，包括那些在不同的军事体系当中占据领导地位的人，都是控制最高精尖武器的人。这些军事精英为了维护自己的利益，也为了迎合越战后美国国内对人员伤亡的极端厌恶，在全球构建了尖端武器的生产网络。美国的尖端武器现在是过剩的，而常规武器和地面作战能力却是严重不足的。之前在阿富汗作战时，常规弹头告急，只能从中东其他军事基地调用，但是发现普遍供给不足。这种武器储备的结构性问题，再加上军事精英的自利，对以后美国的全球军事战略都有重大影响，最终会导致其霸权衰落。后期美国的政治经济力量进一步下降，而军事力量因为军事精英的支持还在扩张，这就是一种严重的不对称。这和英国失去霸权的情况不同。在这样一种不对称的情况下会发生什么，是全世界人民都必须面对的。

朱宇晶：我还想讨论的是，美国霸权衰落会不会反而连带金融精英利益受损？如果在英国那个时代，有替代性霸权，旧的精英可以跟新的霸权产生联系。但是，美国现在是一个更全球化的基础设施（比如以美元为基础的国际货币结算体系），这个基础设施衰落的时候，那些跟霸权相联系的精英还有其他的空间吗？

张杨：美国这次衰落的确跟英国不一样，当年欧洲有很多精英可以跑到美国。美国和中国没有形成这种默契：我这里衰落了，精英的利益由你们来照顾。在过去，美国国家利益和华尔街利益在一定程度是分割的：华尔街可以通过中国赚钱；但是如果美国和中国变成你死我活的关系，那就不同了。这次特朗普与中国打贸易战，华尔街精英也很积极，因为过去政经分割，政治是政治，经济是经济，而现在资本带上了民族属性。中国和美国没有英国衰落过程中英美之间的默契，这是第一点。

还有一点，在美国取代英国霸权之前，美国的金融地位很早就上升了。从20世纪初到20世纪30年代，美元全球支付占比最高的时候有百分之二十多，最低百分之十几；英镑也就是百分之三十左右，两者差不多。拉丁美洲都是以美元交易为主的。当时美元和英镑不能说平起平坐吧，但美元已经有很强的地位。"二战"时期制裁日本的时候，不光是英国的制裁，美国的制裁也产生了重大影响，特别是对于日本和美洲国家的贸易。美国完全取代英国霸权之前有大量的金融工具和手段，而今日人民币还没有美元的地位。所以两次转型在金融这点上也是不同的。

所以，英国霸权和美国霸权真的不一样。肯尼迪曾说英国从来不是霸权，英国只是诸多强国中的一个，真正的全球霸权迄今为止只有美国。英国在19世纪末以后做了让步，包括对美国也做了很多妥协。美国现在根本没有妥协。英国最开始对付法国和俄国，到后来变成主要对付德国，但是英国没有能力去招呼大家一起对付某个国家，和美国的能力还是完全不一样的。

四、国家、帝国与霸权

丁悦：一个相关的问题是，如果精英导致国家衰退，国家难道不会主动避免衰退？书里好像没有提到国家怎样再去和精英斗争，避免衰退这一点。有一些案例可以把精英和国家分开，在另一些案例里国家是精英的工具。比如，海洋帝国和大陆帝国的区别很重要，国家的形式和强弱也不同。拉克曼在使用"中心"这个词的时候，是用"中心"代表"国家"，还是认为这两者不完全重叠？

宋念申：同样地，在脱离国家的前提下，能不能谈论精英的矛盾或者斗争？这也是我想提出的一个问题。

钱力成：就美国的环境而言，可能国家不常以行动者的身份出现，而更多是作为一个场所。这个场所有其游戏规则，而精英就在这个规则的基础上去互动。所以在美国很少看到美国联邦政府作为一个行动者和金融精英或其他精英直接互动，我猜这也是拉克曼没有把国家分析放在核心的一个原因。

朱宇晶：这关系到国家自主性的问题：国家是不是一个行动主体，有它自己的议程和价值？还是说它只是不同精英利益平衡的结果？国家有更多的公共性，也是超出精英斗争、阶级斗争的场域。

尤怡文：我倾向于将金融制度作为线索，观察哪些精英（不管他是否主观认同自己是精英）被调动组织起来形成权力联盟，与哪些群体形成对立；又是因为什么样的制度变迁，导致精英利益变迁及冲突，形成新的关系。按照这个思路，我试着回答前面讨论提出来的几个问题：精英与国家的关系，以及精英与阶级的关系。

首先是精英与国家的关系。我想将这个问题里的两个关键词"精英"和"国家"替换为"金融精英"与"官僚精英"，或许有助于分析的精确性，也更易于进行跨国比较。在美国案例中，金融精英（投行高管）与官僚精英（美联储、财政部）几乎是同一票人，他们不但都具有藤校背景，同时他们的身份是随时可以转换的，投行高管可以直接转任财政部长或美联储理事，官僚系统与华尔街之间的"旋转门"畅通无阻，空档期间还能回藤校商学院任教。从这个角度来看，很难定义金融精英和官僚精英间的关系是制度还是非制度化关系，因为他们基本上就是同一群人。相较于金融化前透过董监连结形成的跨部门／产业精英核心圈，金融化后，金融业与官僚体系的关系变得更紧密，甚至是一体化了。

而在日本，我们可以看到另一种金融精英与官僚精英关系。日本从明治后期开始建立自主的官僚体系，最初是掌权的旧藩阀大臣为阻止政党势力染指官僚体系，而限定由帝国大学输送官僚人才，其后渐渐形成以东京大学毕业生为主的官僚体系，加上政务官任免频繁，政策主要由事务官主导，因此被批评为"东大官僚治国"。虽然存在官僚退休后任职大银行顾问董事等职的惯例，但相对于美国的高度人员重合，日本官僚精英和金融业精英是两拨人，官僚精英仍能保有一定的自主性，尤其是战前一代官僚，带有较为强烈的民族主义意识，其立场并不总是和金融业精英的利益一致。

金融精英与其他阶级之间的关系，也是我最近关注的问题。金融资本强大之处在于，它比工业资本更具渗透力及吸纳能力。以英国为例，先是土地精英加入金融精英联盟；到 19 世纪下半叶，越来越多的中产阶级持有金融资产，也加入这个联盟，有点像是童话故事《不莱梅乐队》，只是这个以金融资产作为共同利益的联盟，是以牺牲工业及劳工阶级为代价的。当代美国由于欠缺完善的福利制度，许多劳工以退休基金的方式参与到金融市场，中产阶级个人持有金融资产也很普遍。这让我产生一个疑问：美国广泛的金融资产持有者是否会成为金融精英的社会联盟，支持保守的货币及财政政策，如同 19 世纪下半叶的英国？

朱宇晶：精英可能与国家结合，也可能超越民族国家。当下这个金融化进程加速的时代，金融的整合力量和流动性是让精英结成更强有力的联盟，还是让精英缔造的世界更加脆弱——比如全球金融精英的流动性和在地精英/民族国家之间造成的矛盾？人类学全球化研究里的多点民族志也在思考一种全球化过程中的"超级游民"，他们是否已经超越了民族国家的控制（鲍曼 2003）？同时，他们也不是书中所讨论的殖民地精英；他们能够在不同的民族国家间流动，在不同市场中即取即抽地套利，可以利用避税天堂和全球金融市场。而这本书讨论的精英有很强的国别属性，他们的崛起和霸权有密切关系；但是在新的历史条件下，他们是否可能流动到新的中心？

董一格：《漫长的 20 世纪》中有一张图可能对大家有帮助，也可以回应刚才朱宇晶老师提到的问题：全球化精英是不是已经超越了民族和国家？根据世界体系理论，其实不是。从意大利城邦到荷兰、英国、美国，所谓的"关键的治理组织"（leading governmental organization）是变化的：从城邦到民族国家，再到"世界国家"。哈特和奈格里的《帝国》一书强调在这一轮的金融化和全球资本主义中，美国就是一个全球性帝国。在这个帝国里，你可能是阿布扎比的金融家或者石油国的王子，但你也是美国霸权精英的一部分。我觉得这张图可以帮助我们去理解这一层意思。

图 3　世界资本主义的演化模式（Arrighi 2010，375）

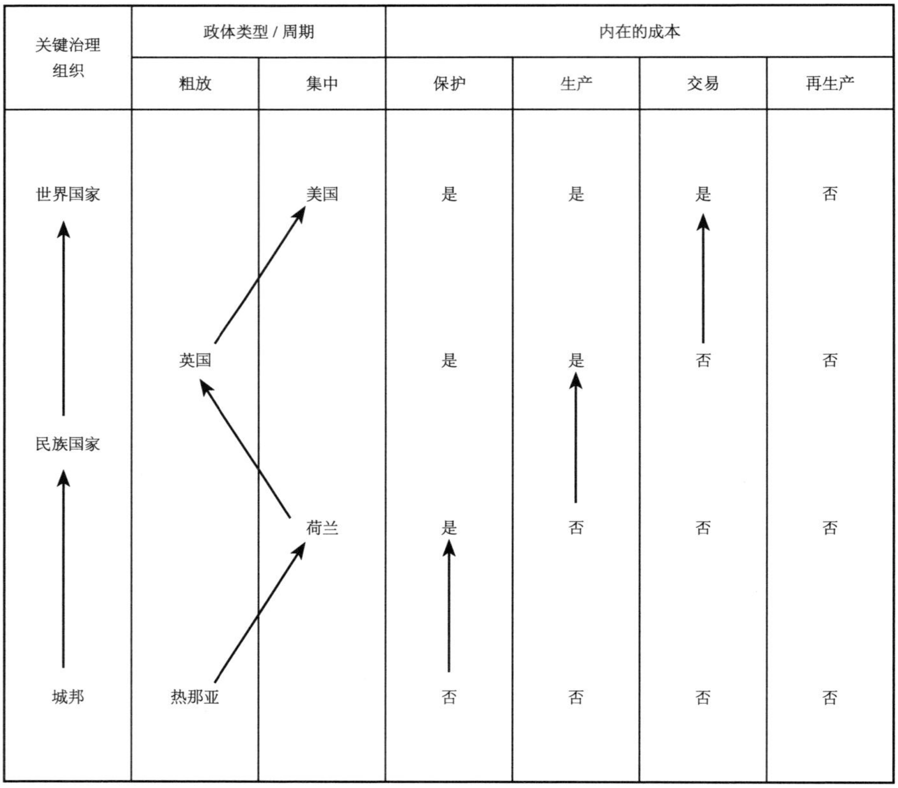

关键治理组织	政体类型 / 周期		内在的成本			
	粗放	集中	保护	生产	交易	再生产
世界国家		美国	是	是	是	否
民族国家	英国		是	是	否	否
		荷兰	是	否	否	否
城邦	热那亚		否	否	否	否

殷之光：拉克曼就此书专门与社会学家维维克·基伯（Vivek Chibber）有一次对谈，并说他寄希望于桑德斯。从中可见，这本书很好地展现了一个当代西方左翼的帝国叙事。在讨论中，拉克曼将霸权和帝国做了一个区分。这个区分颇有深意。在这个区分之下，帝国单指一个狭义的、存在直接管辖治理关系的疆域空间。这种帝国观将帝国与领土国家混同起来，帝

国扩张于是变成了单纯的疆域扩张。在认识帝国时，我更倾向于将其视为一种"霸权"。在帝国理论方面，列宁提出了最具挑战性的分析。他不但强调帝国和帝国主义之间的联系，更强调帝国主义不应当简单地被看作一种可以随时更改的政策。这个认识非常重要。但是，在拉克曼的讨论中，并未太多涉及关于帝国主义、帝国和霸权三个概念之间的辨析，更没有回应马克思主义传统中，特别是列宁主义这条线索上对于帝国主义本身的讨论。列宁的"消失"本身反映了一个极具价值的思想症候。在19世纪末和20世纪初"帝国主义"这个词开始进入英语公共领域时，最初被用于攻击拿破仑在欧洲的扩张。随着英国全球帝国主义政策的发展，这个词逐渐演变为一个中性词乃至褒义词。这个过程就伴随着将"帝国主义"的内涵限定为政府"政策"。由此再来看拉克曼把帝国"去贬义化"，同样包含了去道德色彩的内涵。他对帝国和霸权的区分是一种结构性的区分，承认霸权可以超脱于领土政策而形成。因此，虽然英国的帝国没有了，但是其霸权仍能延续到"二战"的结束。抽离了历史唯物主义的政治经济学分析，是这种帝国主义观的核心问题之一。将霸权、帝国主义用作中性词，实际上回避了马克思主义讨论帝国主义的核心问题意识。

  为什么我们不能回避帝国主义本质的问题？这就需要我们回到列宁的帝国主义论述。虽然列宁的帝国主义论有很强的历史目的论色彩，但为受帝国主义霸权压迫的人提供了一种渴望，也是一种激励。他强调，帝国主义这种霸权模式终究要衰亡，这是其结构所决定的必然结果。如果我们不去谈列宁的问题，不去谈革命党的问题，群众运动则势必会成为无组织的庸众，无法给未来带来任何希望。这是拉克曼和其他学者所欠缺的。拉克曼似乎寄希望于民主党内部精英阶层的自我发现和博弈，如桑德斯就被视为一种可能的未来。这是一种改良主义的路线。

  拉克曼的精英概念显得极其含糊。我认为，不谈阶级分析去谈精英，回避列宁批判的资本主义国家问题，谈一个似乎是浮于历史之上的精英阶层，就没有办法理解为什么英国在19世纪末期会走上那样的帝国发展道路的。1840年之后，英国金融帝国的崛起，有一个从商业自由主义转向金融自由主义的过程。如果抽离了阶级分析，就无法看到许多权力的斗争与分配是以阶级展开的。这种转向似乎就是单纯的一批新精英替代另一批旧精英的过程。但这更多地是同一个阶层内部的代际接续。同样，今天的批评者认为"新自由主义"破坏了美国。但是，如果我们历史地去看，新自由主义其实并不新。正如列宁指出的，资本需要寄生于国家之中。而波兰尼则进一步提出了资本对国家的"嵌入"。两者都揭示了资本左右国家的形式虽然并不固定，但是这种寄生关系始终存在。在这个前提下，国家与"精英"可能并不是两个相互独立的力量，可以相互博弈或蚕食。

张昕：拉克曼框架里面的确有很多阿瑞基的影子，但是这样的框架似乎并不能解释当下中美之间的关系。一开始中国对美国是单向的学习、赶超和模仿，逐步发展到后来的竞争态势。我曾在我的文章中提出，中国整个经济的金融化速度非常快，到21世纪第一个十年左右，整个国民经济的金融化程度可能跟美国已经非常接近，甚至在个别指标上已经超过美国了。这种结构性变化给我们的分析带来了难度，因为拉克曼也好，阿瑞基也好，都认为产业资本与金融资本之间是更替的周期。而我们面对的这个正在展开的周期可能和他们描述的逻辑不一样了：可能的替代者和原霸权呈现同样的结构特征。此外，即使现在核心国家整个国民经济的金融化程度已经这么高了，我们还在用传统意义上对于金融资本和产业资本的划分。这是我困惑的地方。以今天中国的平台企业为例，今天可能是投共享单车，明天是滴滴，后天就变成影视圈IP改编，本质却是金融运作。你说这是金融资本，还是产业资本？这两者之间的界限已经很模糊了。那么，原来常见的精英身份的界定、不同精英群体相互竞争结构的界定，还合理吗？这是我们需要面对的新问题。

第二点是，在中美同时经历金融化的过程中，一个共同的利益群体逐渐成形，虽然有各自鲜明的国别特征，但在慢慢形成一个跨国别的群体。但是经过2008年的金融危机，再到2018年整个全球宏观层面政治上的冲突，之前中美之间实质的"趋同"（convergence）和微妙的利益共同体，好像在政治上碰到了一个重大的障碍。现在中美口头上经常说所谓的经济"脱钩"，已经影响到各种跨国精英团体的利益。这个前景会怎么样？现在不太清楚。

最后，拉克曼整个框架中重点分析的都是海洋帝国，其中精英结构的变迁受到帝国中心跟殖民地之间关系的影响。他在书的前言部分提到了为什么排除了奥匈帝国、奥斯曼帝国和沙俄帝国这三个大陆帝国。而这三个帝国在18—19世纪大规模地扩张，后来又被迫收缩，甚至解体，其中心与殖民地关系不同，精英关系变化的逻辑也许也不同——因为大陆扩张是连续的。恰恰是这几个帝国，可能跟中国近现代的经历更相似。我们今天反复说到精英跟国家的关系，而中国的经历不管是历史上的还是当代的，精英之间水平的竞争程度好像一直不高。因此，需要更多考虑国家和精英之间的纵向关系变化，这与上述几个帝国更加相似。比如，我的一个研究是关于当代中国、俄罗斯、土耳其的比较研究，看这几个国家的政治、经济最近三十年在欧亚大陆空间如何扩张，在这个过程中如何调用近代的帝国资源。

五、方法论的反思

宋念申：拉克曼最大的问题，是把社会学学者的想象放在历史中。读历史学作品的时候，一定要理解作者背后的焦虑到底是什么。拉克曼在前言中说，他动念头想写这本书是布什政府时期，完成这本书是特朗普上台的前几个月。这两个时段串联起来是美国21世纪初的历史。他对美国有焦虑，就想找历史上的规律去证明。

董一格：我还想就布林真值表提问。拉克曼实际上用的是归纳法，然后用这种不完全归纳去"证明"他已经提出来的一个所谓普遍规律。但是在今天，社科方法论有了更多发展，我们有没有更加非决定论的分析工具，去处理历史社会学问题？

另外，关于时间性的问题，阿瑞基认为每次霸权更迭的周期会加快，比如英国霸权花了一百多年称霸，美国花的时间更短。我认为拉克曼是意识到世界-历史时间（world-historical time）的变化的，而不是认为霸权发展的时间是完全线性的、每一个周期是完全同质化的。

张杨：我最后还有一个评论。20世纪八九十年代像迈克尔·曼、蒂利等研究战争、国家这些大题目，从20世纪90年代后期开始，历史社会学做东西有一点窄了，研究婚姻网络、精英关系或者巴黎社区的改造，用社区关系取代了阶级，然后开始讲事件的作用。上一代学者秉承马克思、韦伯的传统，大开大合，到后面学者关注得特别细，以小为美，不再做普适性的理论，也不愿意做大幅度的比较和长时段的历史。总体来说，跟其他的相邻学科相比，学科的影响力式微了。这给我们提出了一个挑战：如何在保持理论深度、方法论的严肃性以及史实精确性的前提下，把话题和分析做大做宽，而不是做小做窄，怎么恢复当年历史社会学的大开大合？

【参考文献】

[意] 杰奥瓦尼·阿瑞基著，姚乃强、严维明、韩振荣译，2001，《漫长的20世纪：金钱、权力与我们社会的根源》，南京：江苏人民出版社。

[英] 齐格蒙·鲍曼著，欧阳景根译，2003，《共同体：在一个不确定的世界中寻找安全》，南京：江苏人民出版社。

[美] 理查德·拉克曼著，郦菁、维舟、徐丹译，2013，《不由自主的资产阶级：近代早期欧洲的精英斗争与经济转型》，上海：复旦大学出版社。

[英] E. P. 汤普森著，钱乘旦译，2013，《英国工人阶级的形成》，南京：译林出版社。

Arrighi, Giovanni. 2010. *The Long Twentieth Century: Money, Power, and the Origins of Our Times*. London: Verso.

Lachmann, Richard. 1990."Class Formation without Class Struggle: An Elite Conflict Theory of the Transition to Capitalism." *American Sociological Review* (55): 398–414.

——. 2020. *First Class Passengers on a Sinking Ship: Elite Politics and the Decline of Great Powers*. London: Verso Books.